ハリエット・タブマン

「モーゼ」と呼ばれた黒人女性

上杉 忍

新曜社

プロローグ

二〇一六年四月二〇日、当時のアメリカ合衆国財務長官ジェイコブ・J・ルーは、二〇二〇年の女性参政権獲得一〇〇周年を機会に二〇ドル紙幣の表面《おもてめん》に黒人女性ハリエット・タブマンの肖像を掲載する方針を発表した。現在、表面に掲載されている第七代大統領アンドルー・ジャクソン[1]の肖像は裏面に移されるとのことである。もしこの計画が実施されることになれば、アメリカの紙幣に女性、しかも黒人の肖像画が印刷されるのは史上初めてである。

このことについては、日本の新聞やテレビでも報道されたので覚えておられる方も多いかもしれないが、日本ではまだハリエット・タブマンのことは、ほとんど知られていないので、

(1) アンドルー・ジャクソンは、西部開拓農民の支持を受けて建国一三州以外から初めて大統領に当選した人物で、貧しい白人農民を政治に引き込む「民主的」政治改革（ジャクソニアン・デモクラシーと呼ばれている）を行った国民的ヒーローとされてきた。しかし、近年では、彼が先住民討伐戦争のもっとも戦闘的指導者であっただけでなく、黒人奴隷所有者でもあった側面にも注目が集まっている。ちなみに現トランプ大統領は、白人労働者にアピールすべくジャクソン大統領への賞賛を繰り返してきた。

図1　現在の20ドル紙幣

図2　タブマンの肖像を使用した20ドル紙幣案（イメージ）

あまり関心を持たれなかったようである。

これとは対照的にアメリカでは、子どもたちは教室でタブマンのことを学び、タブマンのことを知らない人は珍しいといわれている。タブマンをテーマとした絵本や読み物、ＤＶＤなども数多く出回っている。ちなみにタブマンは、南部メリーランド州の奴隷制度の下から一人で北部に逃亡し、その後も故郷に何度も戻って多くの黒人奴隷を北部やカナダに逃す集団的支援運動（「地下鉄道《アンダーグラウンド・レイルロード》」〔Underground Railroad〕運動と呼ばれていた）に取り組んだだけでなく、南北戦争中には南部に出かけて奴隷たち数百人を救出する作戦に従事し、さらに南北戦争後は、ニューヨーク州オーバンで主に黒人生活困難者のための共同ホームの運営などに尽力した黒人女性である。

しかし、一九六〇年代以前にはアメリカ国内でも、タブマンはあまり知られていなかった。

一九五〇年代半ばに始まった公民権運動の指導者マーティン・ルーサー・キングが聴衆を鼓舞する演説のなかでタブマンの名前を挙げたという記録はない。

一九六〇年代に入り、黒人公民権運動が高揚し、黒人の歴史への関心が高まるにつれ、歴史教科書で黒人の経験がより多く取り上げられ、タブマンも登場するようになった。テレビ番組の「アメリカ史シリーズ」で初めてタブマンが取り上げられたのは一九六三年であり、一九六五年には、アン・マクガヴァンの『逃亡奴隷――ハリエット・タブマンの物語』が出版され、タブマンへの国民的関心の高まりを記す作品として注目された。

そして一九七八年には、タブマンの郵便切手が発行され、一九八六年には多くの国民にインパクトを与えたとされるテレビドラマ『モーゼと呼ばれた女性(2)』が放映された。それまでの歴史教科書には、白人男性エリートばかりがもっぱら登場し、女性やマイノリティー集団を含む一般庶民があまり取り上げられなかったことが反省され、一九九四年、議会と大統領の要請を受けて、学界、宗教界、経済界など各界の約六〇〇〇人の専門家が参加して、より

(2) イスラエルの民に神の言葉を伝える預言者モーゼは、エジプトに囚われたイスラエルの民を率いてここを脱出し、カナーンの地(約束の地)に導いた人物として旧約聖書に登場する(『出エジプト記』)。キリスト教に改宗させられたアメリカの黒人奴隷は、とりわけ「囚われの民」を救出したモーゼの到来を夢見てキリスト教を自分たちのものとして受け止めた。この人物になぞらえて、タブマンは「黒いモーゼ」と呼ばれた。

バランスの取れた歴史教育を目ざす『アメリカ史教育の全国基準』が発表された。この『全国基準』では、ハリエット・タブマンが、各学齢レベルで合計六回も取り上げられた。

ところが、この『全国基準』が発表されると間髪を入れずに、全国人文科学基金会長リン・チェイニー（後のディック・チェイニー副大統領夫人）が批判を開始した。この『全国基準』は、「黒人や女性ばかりを重視し、これまでアメリカの歴史を担ってきた白人男性をないがしろにする」歴史教科書における「ＰＣ《ポリティカル・コレクトネス》」（差別者狩り）の典型で、偏向しているというのである。彼女の批判をきっかけに、『全国基準』は保守派から一斉攻撃を受け、議会の承認を得られず、普及のための予算は認められなかった。

しかし、このような政治的圧力にもかかわらず、今では、アメリカの小学生は、ハリエット・タブマンについて学ぶことを通じて初めて黒人奴隷制について学ぶといわれるほどになっている。二〇〇八年に行われた「アメリカ史でもっとも有名な人物一〇人」の全国アンケート調査では、タブマンは、成人の間では第九位、高校生の間では第三位に入った。このころになると、もっとも黒人差別が厳しいとされてきたミシシッピ州やアラバマ州など深南部諸州を含む各地の公共スペースでタブマンの壁画や彫像が展示され、全国各地の道路名や小学校、暴力被害者救援センター、貧困者救援施設、ホームレス保護施設などに「ハリエット・タブマン」の名前が付けられるようになった。

タブマン没後一〇〇周年にあたる二〇一三年には、オバマ大統領やメリーランド州知事らによってハリエット・タブマン地下鉄道国立記念碑がメリーランド州ケンブリッジ近郊に設置され、二〇一四年にはそこにハリエット・タブマン地下鉄道全国歴史公園を開設することが連邦議会で決まった。こうして現在、全国のタブマンゆかりの地で記念碑や博物館が建設され、各地域の観光資源にもなっている。

今回の二〇ドル紙幣へのタブマンの肖像採用決定は、六〇万人もの人々を対象とした世論調査の結果を受けたものだった。当時の財務長官ルーは「ハリエット・タブマンは、地域・世代を問わず人々の心の琴線に触れる人物だから」彼女の肖像画を採用したと述べている。

この決定に対しては、のちの大統領ドナルド・トランプが二〇一六年の選挙期間中から「タブマン像を使うなら二ドル紙幣〔ほとんど使用されていない――筆者〕がいい」との批判を込めたジョークを飛ばしており、先行きは定かではない。現在（二〇一九年）までのところ、新しい二〇ドル紙幣の印刷・普及は当初の計画よりかなり遅れることになりそうだが、計画は撤回されていない。しかし、どちらにせよ、今やハリエット・タブマンが国民的ヒロインとしてアメリカ人に広く認められ、顕彰されていることは間違いない。

彼女は読み書きができなかったので、ほかの黒人指導者のように自らの経験について書くことはできず、話すしかなかったこともあって、その実像を知ることは近年まで非常に困難だった。しかもタブマンの活動の多くは、秘密裡に行われたため、タブマンに関する客観的史料は限られていた。一方、彼女の驚くべき業績のゆえ、その「超人性」が強調され、人々が好む神話が多く生み出されてきた。そのため一般向け偉人伝や子ども向けの物語は多く書かれたものの、専門的歴史家によるタブマン研究が出版されることは、二一世紀に入るまでほとんどなかった。

今世紀に入って、次々と出版されたタブマンの生涯に関する歴史研究書（本書巻末「主要参考文献」参照）を著した歴史家たちは、彼女が語ったこと、同時代の人々が彼女に関して語ったことばかりではなく、奴隷の売却をめぐる奴隷所有者同士の裁判記録、国勢調査記録など間接的な資料をも綿密に精査し、彼女の実像に迫ってきた。タブマンは、全国的な運動組織の指導者になったことはないが、一貫して、最底辺の恵まれない人々とともに、その生活の現場で活動し、同時代の多くの人々から尊敬と親しみの念をもって受け止められ、全国的な黒人解放運動の指導者たちからも高く評価されてきたたぐいまれな活動家だった。

本書は、国民的ヒロインとしてのタブマンの物語ではなく、ユーモアを備え誠実に生きた一人の黒人女性の生涯の記録である。「人間タブマン」の生涯から、われわれ自身の生き方を考える何かを読み取っていただければ幸いである。

なお、本書は、一般読者を対象にした読みやすい書物になることを目指したため、出典をその都度提示することはしなかった。さらに勉強したい読者のために、本書執筆にあたって私が参考にした主な文献を、本書末尾に手短な解説をつけてテーマ別に列挙しておいたので参考にしていただけたらと思う。

ハリエット・タブマン——「モーゼ」と呼ばれた黒人女性＊目次

装幀――加藤光太郎

主な登場人物（四〇頁図11の家系図も参照）

ハリエット・タブマン　メリーランド州で奴隷の両親のもとに生まれる。結婚前の名はアラミンタ・ロス。

リッツ（ハリエット）・ロス　タブマンの母親。旧姓グリーン。

ベンジャミン・ロス　タブマンの父親。所有者トンプソンの死後、遺言により解放された。

フレデリック・ダグラス　奴隷廃止運動の指導的役割を果たし、タブマンとも交流があった。

アトソウ・パティソン　大農園主。タブマンの母リッツの所有者で、おそらく父親でもあった。

メアリー・ブローダス（パティソン）　アトソウの孫娘。五歳の時、タブマンの母リッツ（当時六歳）を贈与される。一八歳で夫を亡くし、アンソニー・トンプソンと再婚。二六歳で死亡。

ジョセフ・ブローダス　メアリーと結婚。息子エドワード誕生の翌年に死亡。

エドワード・ブローダス　メアリーの息子。母の死後、リッツとその子どもたちを所有。八人の子を遺し四七歳で死亡。

エリザ・ブローダス（キーン）　エドワード・ブローダスの妻。

ゴーニー・パティソン　メアリーの兄。リッツとその子どもたちの所有権を主張。

バーネット家　一八三五年にタブマンを雇う。この時期にタブマンは頭蓋骨陥没の大怪我を負った。

アンソニー・トンプソン　メアリーの再婚相手。タブマンの父ベンジャミンの所有者。タブマンをエドワードから貸し出される。

アンソニー・トンプソン二世　父トンプソンの死後、タブマンの父ベンジャミンが使用権を認められ、トンプソンが所有していた土地をスチュアート家へ売却。医者。

ジョセフ・スチュアート　ブローダス家からタブマンを貸し出される（一八三三年）。トンプソンの死後、タブマンの父ベンジャミンが使用権を認められた土地を購入。

ジョン・T・スチュアート　ジョセフの息子。トンプソン家からのタブマンの借り出しを受け継ぎ、父ベンジャミンと住まわせた。

サミュエル・グリーン　自由黒人牧師。タブマンの協力を得て地下鉄道運動に従事。一八五七年に煽動的文書保持で有罪判決を受け、一八六二年まで収監。

ウィリアム・スワード　ニューヨーク州上院議員。リンカン大統領のもとで国務長官。奴隷制廃止運動に協力的で、タブマンに有利な条件で土地家屋を売却した。

ジョン・ブラウン　奴隷制度廃止主義者の白人。連邦軍武器庫を襲撃し処刑された。

サラ・ブラッドフォード　ニューヨーク州オーバン在住の白人作家。タブマンの最初の伝記を出版した。

ハリエット・タブマン（1885 年頃）

第一章　生誕から逃亡まで（一八二二―一八四九年）

誰の人生にもその長い年月の間に、それぞれ曲がり角や飛躍、歓喜のとき、失意や苦悩のときがある。そしてその人生の歩みを決定づけた出来事や時期がある。その人の世界観や人生観は、淡々と形成されることはむしろ珍しく、特定の時期の特定の経験によって大きく影響され、変化するものではなかろうか。私自身の人生も含め多くの人々の人生を振り返ってみると、やはり「思春期から青年期」にかけての疾風怒濤の時代が、いかにその後の人生を決定づけたかを痛感させられる。

ハリエット・タブマン（結婚前の名はアラミンタ・ロス）は、一八二二年に生まれ、一九一三年に亡くなるまで九一年の人生を全うした。その長い人生のうち、どの時期がもっとも重要だったかは視点によって当然異なる。私が描き出そうとしている「自分の家族を中心としたアメリカ黒人の自由」のために勇敢に闘い続けたタブマンの人間形成の基礎をなしたのは、幼少の頃に与えられた家族からの愛情と、それを奪われた経験や、父親やその他の自由黒人を含む黒人たちとともに森や沼地で樹木を伐採し、運搬するなどの労働に従事し、肉体を鍛え、自然や社会について多くを学んだ思春期から青年期にかけての経験であろう。こういう経験を通して、彼女は、「家族」や「自由」「奴隷制」の意味を、身をもって学び、自由のために危険を冒して闘う「不屈の精神」と能力を身に着けたのである。

第一章では、出生から、北部に逃亡した二七歳までの彼女の「人間形成」について述べる。

1 出生の地、イースタンショア

タブマンが生まれ育ったメリーランド州は、南部奴隷州の最北端にある上南部に位置し、州の東部を占めるイースタンショアは、当時州第二の港湾都市ケンブリッジを中心に経済活動を展開していた地域だった。ケンブリッジは、チェサピーク湾から東に入り込んだチョップタンク川の南岸に位置する良港であり、この地域の生産物をアメリカ北部やカリブ海域、西ヨーロッパ各地に積み出す港湾都市として発展した。ダウンタウンには伝統的な豪邸が立ち並ぶ街並みがあり、今日もなお観光客を惹きつけている。

タバコ・プランテーションの衰退

イースタンショアでは、一七世紀末から奴隷制プランテーション（砂糖、タバコ、綿花などの単一輸出商品作物を何らかの形での強制労働によって栽培する大規模農園）に基づくタバコ

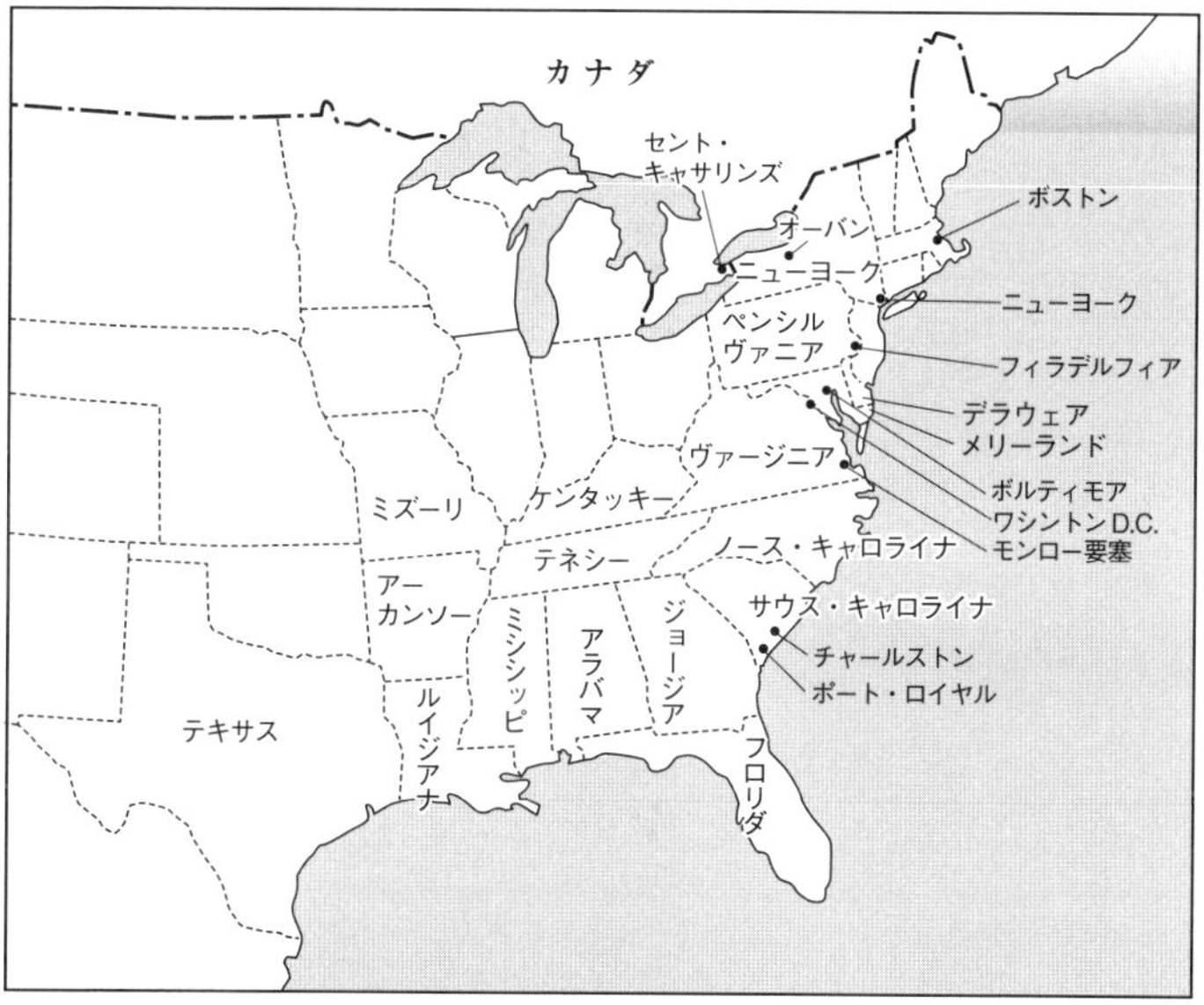

図3　アメリカ南部諸州と本書に関わる主要都市

栽培が始まった。ケンブリッジには、イギリスのロンドンやリヴァプールから貿易船が盛んに往来し、黒人奴隷やさまざまな商品を陸揚げし、タバコを積み出していた。そしてこの港町は、メリーランド州最古の都市のひとつとして発展した。その後背地イースタンショアは、植民地時代の黒人奴隷制の中心地のひとつだった。

ボルティモア・ワシントン国際空港から、レンタカーを駆って高速道路を南下、メリーランドの州都で海軍大学があることで有名なアナポリスを通過し、さらにいくつかの橋を渡って二時間弱、チョップタンク川を越えるとケンブリッジに到着する。この町の南に広がるイースタンショアの農村地帯に

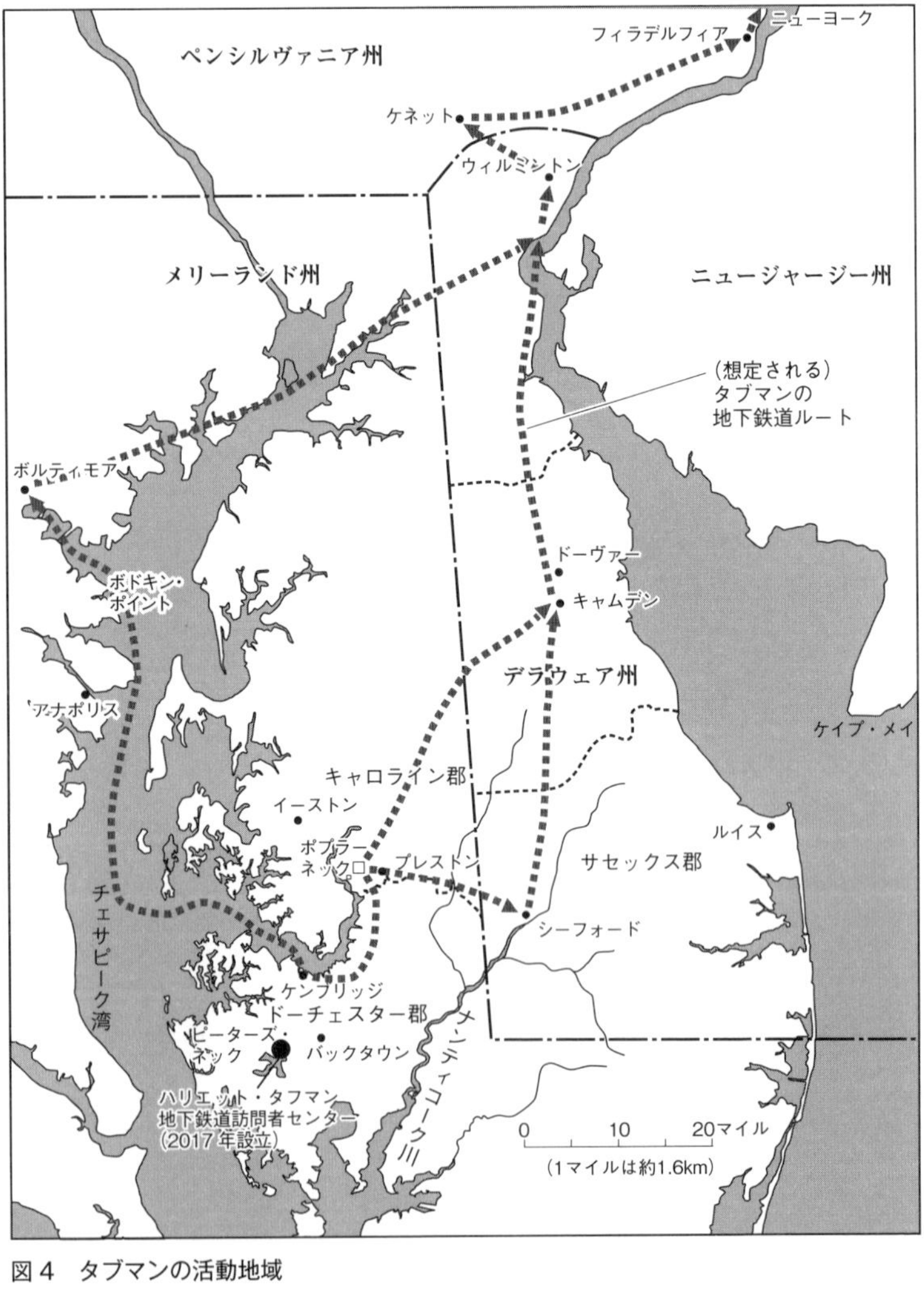

図4　タブマンの活動地域

入ると、ほとんど起伏のない広大な平原のあちこちに、葦《あし》や蒲《ガマ》など背丈の高い水草が広がる河川や沼地が見渡せる。湿地のすぐそばまで樹木が迫っている。今では森林の多くはすでに伐採され、道路の両側には大豆や飼料用作物の広大な農地が広がっている。運河としてつくられたと思われる水路も地図上で確認でき、道路わきには、狩猟や釣りのための船着き場を示す標識が数多く見える。今ではここにはタバコの畑は全く見ることができない。

イースタンショアでは、英国からの独立革命戦争を経て、タブマンが生まれた一八二〇年頃には、タバコ栽培プランテーションはすっかり衰退し、あたりの様子は大きく変化していた。独立革命戦争後のメリーランド州を、奴隷制から自由労働制への「中間地帯」としてその変容を見事に描き出したのは、黒人女性史家バーバラ・ジーン・フィールズである。以下、彼女の研究に基づいてその変化を紹介しておこう。

一七四七年にメリーランド州内の農業生産物販売額の九〇パーセントを占めていたタバコは、一八五九年には一四パーセントを占めるにすぎなくなっていた。州北部では、当初から白人小農民による穀物農業がおこなわれてきたが、黒人奴隷を使役するタバコ栽培は、過剰生産による価格の低迷と土地の枯渇によってイースタンショアから次第に撤退し始め、まもなく、州南部に限定されるようになった。タバコ栽培に代わって進出したのは、穀物栽培や近郊野菜・果樹栽培、食肉・乳製品生産などいわゆる「北部型」農業のほか、製粉業、材木業、輸送業、造船業だった。

自由黒人の急増

その結果、この地域の黒人奴隷制は、大きく変容した。まず、一七九〇年から一八五〇年までの六〇年間の人口の変化を見てみると、メリーランド州の総人口は、三二万人から五八万人へと一・八倍に増えた。黒人人口の内訳は、奴隷人口が一〇万三〇〇〇人から九万人に減り、「自由黒人」が八〇〇〇人から七万五〇〇〇人と大幅に増えている。そのため、黒人人口全体に占める自由黒人の比率は、七・二パーセントから四五・三パーセントにまで増えた（表2）。

アメリカで、南北戦争によって奴隷が解放される以前にいた「自由黒人」とは、奴隷以外の黒人のことを指し、入植初期にはアフリカから通訳など交易の担い手としてやってきたアフリカ人がごく少数いた。また当初、年季奉公人(1)と同等の者として受け入れられ、年季があけて解放された者も少数ではあったがいた。しかしその大半は、イギリスからの独立革命の直後に北部諸州で奴隷制が廃止され解放された者や、南部の奴隷主の意思で解放された者、自分で金をため所有者から自由身分を買い取った者などだった。全国的にいえば、全黒人人口のおよそ一割が自由黒人だったが、時代を下るにつれてその比率は増える傾向にあった。

一八五〇年におけるメリーランド州の自由黒人の全黒人人口に占める比率四五・三パーセントという数字は、奴隷制が州法によって認められていた一五の奴隷州のなかで、デラウエア州の八八・八パーセントを除けば、例外的に高かった。その他の州で、メリーランド州

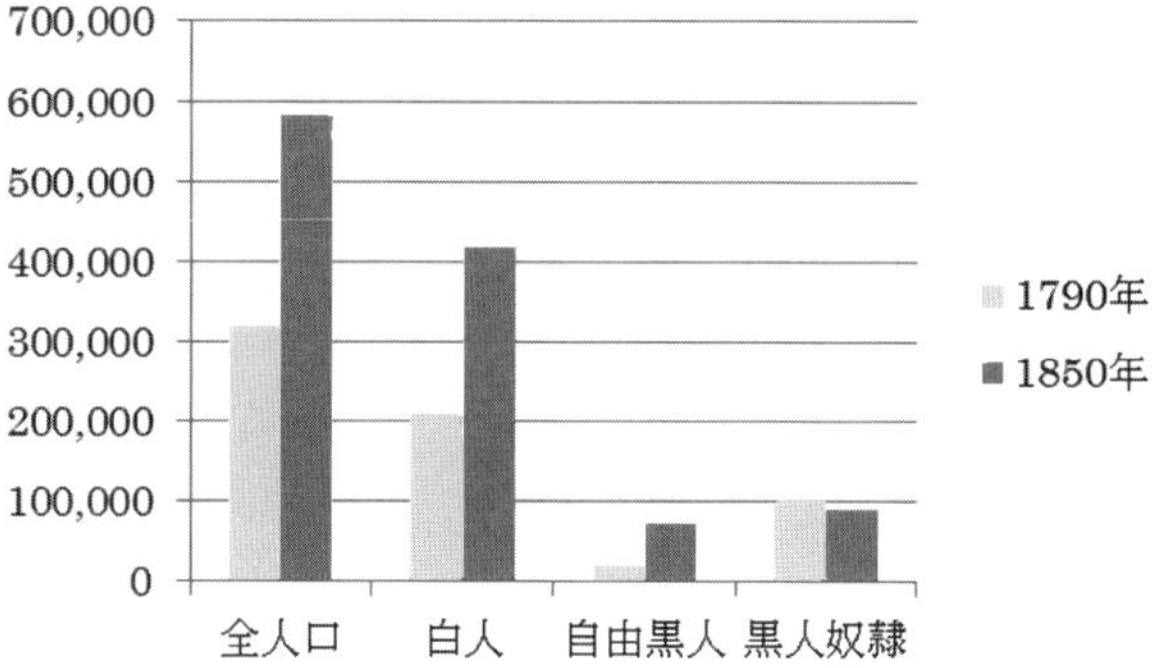

表１　メリーランド州の自由人口の比率の変化

州	黒人奴隷（人）	自由黒人（人）	自由黒人比（%）
デラウェア	2,290	18,073	88.8
メリーランド	90,368	74,723	45.3
ヴァージニア	472,528	54,333	10.3
ノース・キャロライナ	288,548	27,463	8.7
ルイジアナ	244,809	17,462	6.7
ケンタッキー	210,981	10,011	4.5
ミズーリ	87,422	2,618	2.9
テネシー	239,459	6,422	2.6
サウス・キャロライナ	384,984	8,960	2.3
フロリダ	39,310	932	2.3
アーカンソー	47,100	608	1.3
ジョージア	381,682	2,931	0.8
アラバマ	342,844	2,265	0.7
テキサス	58,161	397	0.7
ミシシッピ	309,878	930	0.3

表２　南部諸州の自由人口の比率（1850 年）

に続いて自由黒人の割合がもっとも高かったのはヴァージニア州で一〇・三パーセント、もっとも低かったのはミシシッピ州で〇・三パーセントだった（表2）。すなわち、メリーランド州では、黒人奴隷制はなお重要な法的枠組みではあったものの、その主要な労働様式が奴隷制から賃金労働制に移行しつつあったのだ。

メリーランド州北部には、州最大の港湾都市ボルティモア（一八五〇年に州全体の人口の約三〇パーセントを占めていた）があり、ここでは、農産物加工業をはじめ、西部から送られてきた農産物をカリブ海域など海外に輸出する商業・輸送業・造船業が発展していた。そこには賃金労働者が多数雇用されており、それなりの規模の自由黒人社会が形成されていた。ボルティモアでは黒人が全人口の一三・四パーセントを占め、そのうちの八一・二パーセントが自由黒人だった。

売却による奴隷家族の分断

タバコ・プランテーション農業の衰退の結果、数多くの奴隷が深南部（サウス・キャロライナ州、ジョージア州、アラバマ州、ミシシッピ州、ルイジアナ州など）に強制移住させられ家族が分断された。独立革命戦争の混乱が一段落し一九世紀に入ってしばらくすると、深南部諸州では、綿花栽培が急速に拡大し、黒人奴隷需要が急増した。アメリカでは、一八〇八年以後海外からの奴隷輸入が禁止され(2)、需要の急増によって奴隷価格が高騰し、そこに上南部

（メリーランド州、ヴァージニア州、ノース・キャロライナ州など）のタバコ栽培の衰退で需要が減少し、価格が低迷していた奴隷が売り出されたのである。ケンブリッジは当初は奴隷輸入港だったが、今や深南部への奴隷の積出港となった。

少なくないプランテーション経営者が、メリーランド州内での経営をあきらめ、深南部の綿花栽培プランテーション経営に奴隷を連れて参入する道を求めた。彼らはその際に奴隷家族を分断してその一部を売却し、残りを連れていくこともあった。また、自らは上南部にとどまり、奴隷商人を通じて奴隷の一部を深南部に売却する者も多かった。

（1）一七―一八世紀にイギリスをはじめヨーロッパ各地からアメリカに連れて来られた「期限付き不自由労働者」のことを指す。彼らは借金の返済や犯罪に対する刑期を全うするために、一定期間（普通は七年）移動を制限され、労働を強制された。入植当時、イギリスには奴隷制を容認する法律がなかったために、アフリカから連行された黒人たちは「年季奉公人」として扱われ、一定期間の後、解放された。

（2）政界で大きな力を持っていた南東部の奴隷主階級は、南東部での奴隷需要が減少し、奴隷のこれ以上の輸入によって自分たちが所有する奴隷の価格がさらに下落することを回避するために、一八〇八年、奴隷の海外からの輸入を禁止し、奴隷需要が高まっていた南西部に奴隷を売却する道を選んだ。海外からの奴隷貿易の禁止は、人道主義に基づくものでは必ずしもなく、南東部の奴隷主の奴隷財産の価格を維持するためのものだった。また、当時海上覇権を握っていたイギリスが同じ年に奴隷貿易を禁止したことも、この法律への圧力となった。

一八三〇年から六〇年までの間にメリーランド州では、一万八五〇〇人の奴隷が州外に送り出されたが、それは一〇年ごとに全奴隷の六・五パーセントが流出したことを意味していた。ジョン・ホープ・フランクリンらの研究によれば、上南部の黒人奴隷夫婦の三組に一組は結婚期間中に一度は引き離され、奴隷の三人に一人は一五歳になるまでに自身が売却されるか親が売却されるかによって親と切り離された。メリーランド州では、奴隷所有者のうち大多数は三人以下の奴隷しか所有しておらず、経営は不安定で、奴隷は売却され家族から切り離される可能性が高かった。

この時期には、新興奴隷主階級と西部開拓小農民の後押しを受けて、連邦軍によって南西部の先住民社会が相次いで武力で駆逐《くちく》され(3)、奥地に「強制移住」させられた。その後の空いた土地に、上南部から黒人奴隷が「強制移住」によって導入されたのである。奴隷家族の分断と、数珠《じゅず》つなぎにされた奴隷たちの長距離輸送が南部全域のどこにでも見られる情景となり、黒人奴隷の強制移住は、南部全域に傷跡を残した。

この時代の上南部から深南部への一〇〇万人にも及ぶ黒人奴隷の強制移住の道を、アメリカ黒人奴隷制研究の大家アイラ・バーリンは、アフリカからの黒人奴隷貿易に匹敵しうる「第二の中間航路」と呼んでいる。

人類史上最大の強制移住とされているアフリカからアメリカへの黒人奴隷の輸送には、次の三つの段階があった。第一は、アフリカでの現地人による奴隷の捕獲と海岸部への売却・

図５　アフリカでの奴隷移送

輸送（このアフリカ大陸内での輸送は、時には一〇〇〇キロにも及ぶがこともあり、多くの犠牲者が出たと想像されるが、その実態はほとんど解明されていない）であり、第二は、大西洋を越える何週間にも及ぶ海上輸送である。そして第三は、カリブ海域諸島を含むアメリカ大陸内部での売却と輸送である。そのなかでも第二段階の輸送の非人間性がとくに注目されてきた。アフリカの海岸地帯で買い集められた奴隷が、奴隷貿易船に身動きでき

（３）例えば、一八三〇年の「インディアン排除法」では、ノース・キャロライナ、ジョージア、フロリダ、アラバマ、ミシシッピの各州に住み、ヨーロッパ系入植者の習慣や法律をある程度採用して「文明五族」とされたチェロキー、チカソー、チョクトウ、クリーク、セミノールの各部族、合計六万人の先住民を、その居住地域から強制的に移住させることが決められ、その後次々と実行された。

ないほど大量に積み込まれて、数週間、場合によっては数カ月にも及ぶ航海に出発させられる。この期間に不衛生な船上で、多くの奴隷が病死したり、病気にかかって到着地では売れないとみなされた奴隷は、保険金目当てに海に投げこまれて命を断たれたりした。この航海は、奴隷貿易の残酷さを示す象徴的な場面とされ、「中間航路」(Middle Passage)と呼ばれてきた。これに倣ってアイラ・バーリンは、アメリカ国内の奴隷貿易を、その規模と残酷さをイメージしやすいように「第二の中間航路」と呼んだのである。

奴隷「貸し出し」の広がり

もうひとつの変化は、奴隷の「貸し出し」が広がったことである。

タバコなど輸出商品作物栽培プランテーション農業では、黒人奴隷制がもっとも適合的な労働形態として発展した。この農業では、一年中概して労働需要が高く、農閑期にも奴隷を農場に縛り付けておいたほうが、奴隷にかかる費用(奴隷の購入、食料、衣服、住居、主に出産に伴う医療費、奴隷監督費用など)を、収入が上回るからだった。また、労働需要が高い収穫期などの農繁期に労働力を確保できないリスクを避けるためにも奴隷制が有効だった。自由黒人の賃金労働者は、農閑期に奴隷主の保護を期待できず、無収入になる可能性があったが、労働需要が高い時期には、より有利な条件を提供してくれる雇用者を選ぶことができた。

穀物栽培農業の場合には、労働力需要が季節によって大きく変動し、長い農閑期に労働力をこの穀物栽培に縛り付けておくコストを負担する損失が大きかった。そのためにタバコ栽培から穀物栽培その他に移行した奴隷主のなかには、労働力需要の変動に応じて、労働力が必要な経営者に奴隷を貸し出し、その賃金を受け取ることで経営をやりくりする者が増えた。

貸し出された奴隷のなかには、奴隷主に渡す賃金以上を超過労働によって稼ぎ、貯蓄する者があらわれた。しかも、貸し出された奴隷は、奴隷主の直接的監視から相対的に自由になり、奴隷主の許可なく移動できる範囲が広がり、一緒に働いていた自由黒人との交流を通じて、多くを学び視野を広めた。

しかし、「貸し出し」は奴隷にとって良いことばかりではなかった。育児に邪魔されずに母親を全面的に奴隷主のために働かせようと、幼少期の子どもを母親から引き離して、貸し出すことがあり、本人ばかりではなく、家族にも苦痛を与えることになった。それは、奴隷の子どもに対する白人奴隷主による鞭《むち》での「しつけ」の期間でもあった。

期限付き奴隷の解放

さらにもうひとつの特徴的な変化が起こった。この時期に、奴隷の逃亡を回避し、忠誠心を維持して意欲的に働かせるために、奴隷に対して一定年齢に達したのちに解放する約束がしばしば行われるようになった。いわゆる「期限付き奴隷」の急増である。これは、高年齢になると奴隷の生産性が低下することを計算に入れ、その「保護」の責任から逃れるための

「解放」でもあった。しかし、このような高年齢奴隷の解放は、地域社会の負担になる可能性があった。そのため、メリーランド州では一七九〇年には五〇歳以上、一七九六年には四五歳以上の奴隷の解放が州法によって禁止された。「期限付き奴隷」の多くは、州法で規定された禁止年令になる直前に解放されたようである。

タブマンの母親リッツのように、四五歳で解放するとの遺言にもかかわらず七〇歳まで解放されなかった事例もあったが、全体としては、一七九〇年から一八五〇年の間に州全体で五万人の奴隷が奴隷主の意思で解放された。

解放された黒人の家族の多くはなお奴隷だったため、自由になった黒人は、その場を離れず、家族の近くで働き続けることが多かった。これはこの地域からの労働力の流出を防ぎ、賃金水準を抑制できたので雇用者にとっても好都合だった。

このような状況の下で、メリーランド州では、一七八九年州法で「期限付き」奴隷の州外への売却が禁止された。期限が近づき価格がどんどん下がる奴隷を、秘密裡に州外に高価で売却することを禁止し、州内の労働力を維持することがその主な目的だった。しかし、実際には深南部の奴隷商人からの高価での買取りの申し出が多く、公的な競売をせずに私的な交渉を通じて売買されていた。その場合には、裁判所に届けられず、売却税も支払われなかった。州外に期限付き奴隷を売却した奴隷主は、奴隷が「逃亡した」と偽ることが多かった。

自由黒人と黒人奴隷

自由黒人が増え、彼らと奴隷との日常的な接触が強まると、奴隷主にとって厄介な問題が起こった。自由黒人が、逃亡奴隷に隠れ場所を提供したり、自分たちのネットワークを使って逃亡の手助けをしたりしたのである。奴隷主たちのなかには、奴隷の逃亡を防ぐために、自由黒人の州外への追放が必要だと主張する者も多く、一八三二年には州議会にそのための法案が提案された。しかし、結局、実効ある州法を制定することはできなかった。当時、ヨーロッパからの移民はより自由な北部諸州に向う者が多く、奴隷制のあるこの州への流入は比較的少数で、充分な労働力とはならなかった。他方、高度な技術を持った自由黒人労働者は多数おり、州外追放の法律によって彼らが流出してしまうことを恐れる雇用者がたくさんいたからである。

自由黒人が州内に止まり、奴隷との日常的交流が密になると、自由黒人と奴隷との婚姻関係も多くなった。この南部奴隷制社会では、子どもは母親の身分を引き継ぐことが法律で定められており、女性が自由黒人で男性が奴隷だった場合には、二人の間に生まれてくる子どもは自由黒人とされたが、女性が奴隷だった場合は、その子どもは女性奴隷の所有者の奴隷となった。別々のプランテーションに暮らしていた黒人同士の結婚が多いことは、近隣の白人奴隷所有者同士の交流が盛んだったことを示している。特定の仕事をする奴隷が自分のもとにおらず、それに向いた奴隷が近所にいる場合、金を払ってその奴隷を借りることがよく行われたので、男女の奴隷が結ばれる機会も多かったのである。

奴隷逃亡の急増

このように、メリーランド州では、一九世紀に入り、自由黒人や期限付き奴隷が急増し、奴隷の貸し出しが一般化した結果、奴隷に対する束縛が緩くなりがちで、自由黒人コミュニティーの支援を受けた逃亡が増えた。

売却という形での黒人人口の州外への流出の数は、秘密裡の非合法取引が多く正確には把握できないが、州外への逃亡者の数はそれ以上に把握が困難だった。一八五〇年の国勢調査で示された黒人奴隷の逃亡数は、メリーランド州からの逃亡が全南部のなかでもっとも多く、二五九人だった。逃亡した可能性があってても戻ってくることを期待して報告しない奴隷主や、秘密裡に州外に売却し、それを「逃亡」と報告する者もいた。それでも「逃亡奴隷広告」(逃亡奴隷を捕獲した者に懸賞金を出すとの広告)などを調べてみると、イースタンショアからの黒人奴隷の逃亡は一八五〇年代に年を追うごとに増えていたことがわかる。奴隷の上南部から深南部諸州への強制移住を「大河」にたとえるならば、黒人奴隷の北部自由州への逃亡は、確実に流れが大きくなる「支流」だった。たとえわずかではあれ、黒人奴隷の逃亡の増加は、奴隷たちの間に期待感を呼び起こし、奴隷主たちは危機感を強め、盛んに取締り強化のための会議を開いた。

アメリカ南部の黒人奴隷制は、このメリーランド州のような「奴隷制と自由の中間地域」を恒常的に背後に生み出しながら、南へ西へと膨張を繰り返し、アメリカ全土への奴隷制の拡大を主張する南部と、白人自由農民の入植を保証すべきだとする北部との対立が、ついに限界に達して南北戦争に至った。アメリカ南部社会は、こうした「例外的中間地域」を常に

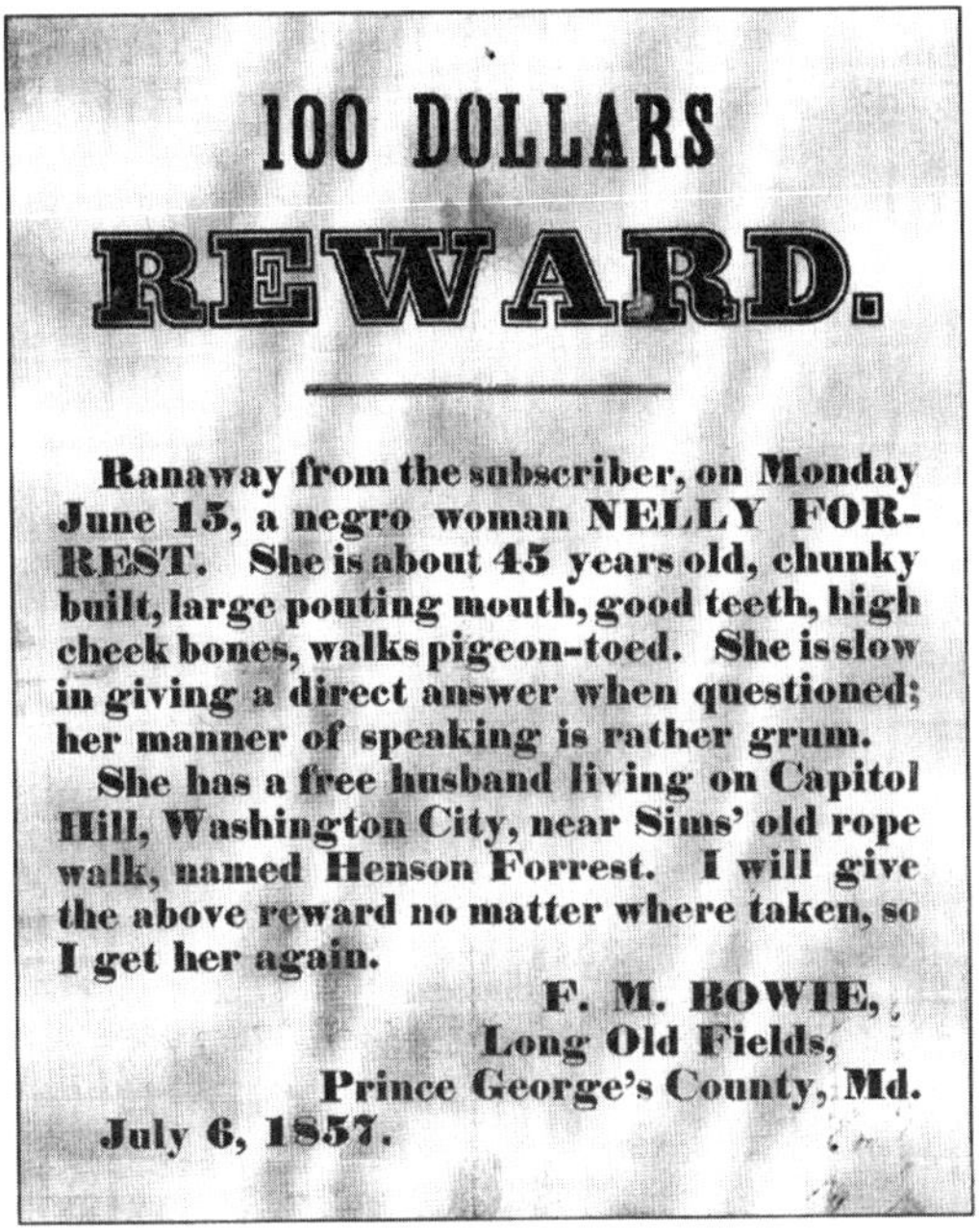

100 DOLLARS

REWARD.

Ranaway from the subscriber, on Monday June 15, a negro woman NELLY FORREST. She is about 45 years old, chunky built, large pouting mouth, good teeth, high cheek bones, walks pigeon-toed. She is slow in giving a direct answer when questioned; her manner of speaking is rather grum.

She has a free husband living on Capitol Hill, Washington City, near Sims' old rope walk, named Henson Forrest. I will give the above reward no matter where taken, so I get her again.

F. M. BOWIE,
Long Old Fields,
Prince George's County, Md.

July 6, 1857.

図6　逃亡奴隷広告（1857年）

「報奨金100ドル。6月15日月曜日。ネリー・フォレストという名の約45歳の女性奴隷が逃亡しました。小太りで口が大きく、よい歯と高い頬骨が特徴。内股で歩き、質問されたときには、気難しい様子でゆっくりしゃべります。彼女には首都ワシントンに住むヘンソン・ホレストという名前の自由黒人の夫がいます。どこで捕獲されても、上記の報奨金を支払います。F. M. ボウイ―、メリーランド州ロング・オールド・フィールズ在住、1857年7月6日」（図中の文章の要約）

図７　イースタンショアのピーターズ・ネック近くの川と森

抱えていた。タブマンたちが取り組むことになる「地下鉄道運動」は、黒人奴隷制の「例外的」存在をその内側から執拗に攻撃し、南部奴隷主階級の不安を強め、この国全体を、奴隷制をめぐる戦争に引きずり込む重要な要因となったのである。

ケンブリッジのダウンタウンから南西に車で約二〇分、タブマンが生まれたピーターズ・ネックの近くに、ハリエット・タブマン地下鉄道訪問者センターがある。このセンターは、二〇一七年に建設された全国歴史公園のなかにあり、タブマンに関する博物館であるとともに、イースタンショアにあるタブマンに関連する史跡についての案内をしている。あたりは林のなかを背の高い葦が生い茂る小川が流れ、アメリカ楓の葉と実などが地面に敷き詰められている。その実は直径四センチほどの球形でトゲトゲがあり、靴を履くことが少なかった黒人奴隷にとっては、逃亡の際の最初の難敵だったという。センターに入っていくと制服を着た国立公園職員が、デスクの向こう側からたくさんのパンフレットを手渡してくれた。反対側の職員の前のデスクの下の段には、ケイト・クリフォード・ラーソンの著書『約束の地をめざして――ハリエット・タブマン――あるアメリカン・ヒーローの肖像』（二〇〇三年）が置いてあった。

私はうれしくなって、自分はラーソンの本を丁寧に読んだと言うと、その職員は、この博物館の展示や史跡案内は、主にラーソン博士の助言を受けて行っていると説明してくれた。実は彼女の著書は二一世紀に入って次々と出版されたタブマンに関する研究書の最初の作品であり、八年もの準備期間を経て出版されたもっとも実証性の高い権威ある研究業績である。

私は、タブマンが生まれたとされているトンプソン家の土地があるピーターズ・ネックに行ってみたかったが、なぜかパンフレットの史跡地図にその名は載っていなかった。この職員に尋ねると「トンプソン家の子孫はあの近辺にまだ住んでいるのですが、今では彼の土地は売却され狩猟クラブの所有地になっており、中に入ることはできません」とのことだった。

タブマンはトンプソン家のプランテーションで働いていた父親ベンジャミン・ロスと母親ハリエット（リッツ）・グリーンの間に生まれた五番目の子どもであり、彼女がこのピーターズ・ネックで生まれたことはわかっていた。しかし、その生年月日については、今世紀に入るまではっきりしていなかった。

タブマンの出生年

奴隷の出生年がわからないのはごく普通のことだった。奴隷解放運動の先駆的黒人指導者フレデリック・ダグラスは、「ほとんどの奴隷は、馬が自分の年齢を知らないのと同じように、自分の年齢を知りません。このように奴隷を無知にしておくことが多くの主人たちの願いだったのです。私が覚えているかぎり、自分の出生日を言える奴隷に、いままで出会ったことがありません」とその最初の自伝で述べている。日本におけるフレデリック・ダグラス研究の先駆者、本田創造によれば、ダグラスは、自分がいつ生まれたかがわからないことを生涯不満に感じていた。彼は何らかの手掛かりを得ようと、死ぬ前年の一八九四年三月に彼の二度目の所有者トマス・オウルドの孫トマス・シアーズを訪ねた。しかし、結局、彼は死ぬまで自分の出生年がわからなかった。彼の出生年が史料的に判明したのは、一九七〇年代末になってからだった。メリーランド州アナポリスの古文書館でダグラスの最初の所有者エアロン・アンソニーの手書きの奴隷出生年目録が発見され、歴史家たちによる史料的吟味を経てから、ようやく彼の出生年月が一八一八年二月であることが確認された。

ダグラスにとっては、自分の出生年を知ることは、自分が牛馬のような動産ではなく、「人間」であることを実証するうえで欠くことのできない行為だった。彼がこれほどまでにこだわったのは、人間にとって奴隷制がもつ本質的意味を根源にまで立ち戻って考察したからだろう。しかし、奴隷だった人々の大半は、ダグラスのように自分の生年月日を是が非でも知りたいと思ったわけではなかった。

ハリエット・タブマンも自分の出生年を死ぬまで知らなかったが、出生年にこだわった形跡はない。例えば、彼女は、南北戦争中に軍の物資横流し事件にかかわる軍法会議で証言した際や、戦後、軍人恩給の受給を申請した際に、自分の出生年を一八一五年と言ったり、一八二〇年と言ったりしている。あるインタビューでは、自分のその時点での年齢を答えたが、そこから計算すると一八二五年生まれということになったりする。

タブマンが最初に自由の地の拠点としたカナダのオンタリオ州セント・キャサリンズには、黒人教会ブリティッシュ・メソディスト・エピスコパル教会があるが、そこに建っているタ

図8 ハリエット・タブマン（1908年頃）

図9 フレデリック・ダグラス（1879年頃）

ブマンの胸像のそばには、その生涯を「一八二〇—一九一三年」と記した古いプレートと「一八二二—一九一三年」と記した新しいプレートが並んでいる。また、彼女が晩年を過ごし、亡くなったニューヨーク州オーバンにあるフォート・ヒル墓地の墓石には、「一八二〇年頃に生まれた」と彫られている。

彼女の出生年を史料に基づいてほぼ確定したのは、先ほどふれたケイト・C・ラーソンである。彼女は、ハリエット・タブマンの所有者エドワード・ブローダスとその継父のアンソニー・トンプソンとの債務をめぐる裁判記録を検討し、そこからタブマンの出生年を一八二二年二月か三月と推定し、今日ではそれがもっとも真実に近いとみなされている。

タブマンの出生年の確定それ自体はそれほど重要なことではないかもしれないが、私がその推定作業に注目するのは、その作業のなかにタブマンの所有者やその親族の対立のリアルな一面を読み取ることができるからである。

タブマンが、どのような人々にどのような条件で所有されていたのかをめぐる奴隷主同士の争いを理解するために、多少、回り道になるが、彼女の家族について説明しておきたい。

タブマンのルーツと「所有権」をめぐる事情

タブマンが奴隷として生まれたのは、母親リッツが奴隷だったからである。リッツの母親モデスティーは、アシャンテ族出身で、西アフリカで奴隷として売られ、おそらくケンブリ

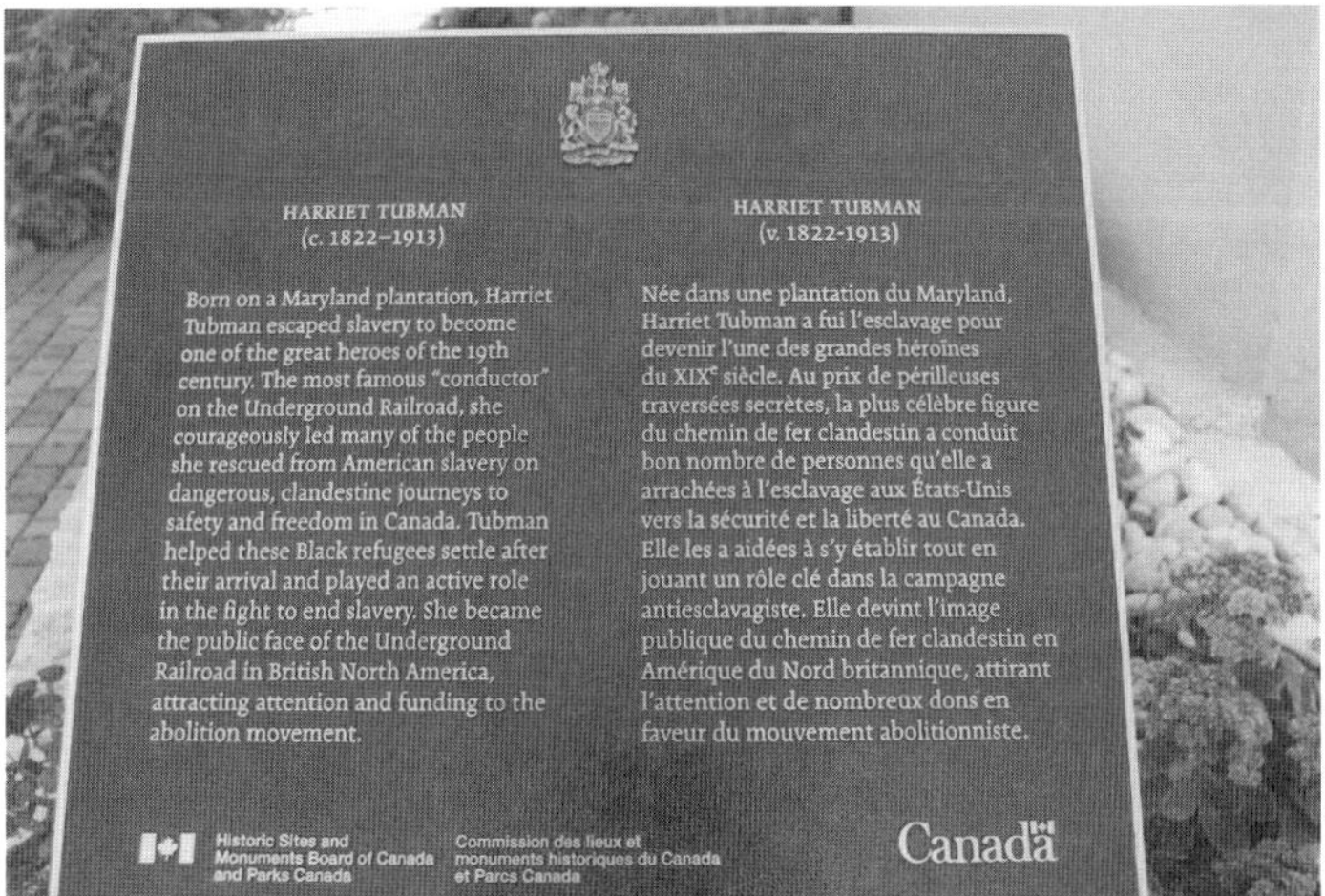

図10　黒人教会の古いプレート（上、出生年 1820 年）と、新しいプレート（下、出生年 1822 年）──カナダ・オンタリオ州セント・キャサリンズ

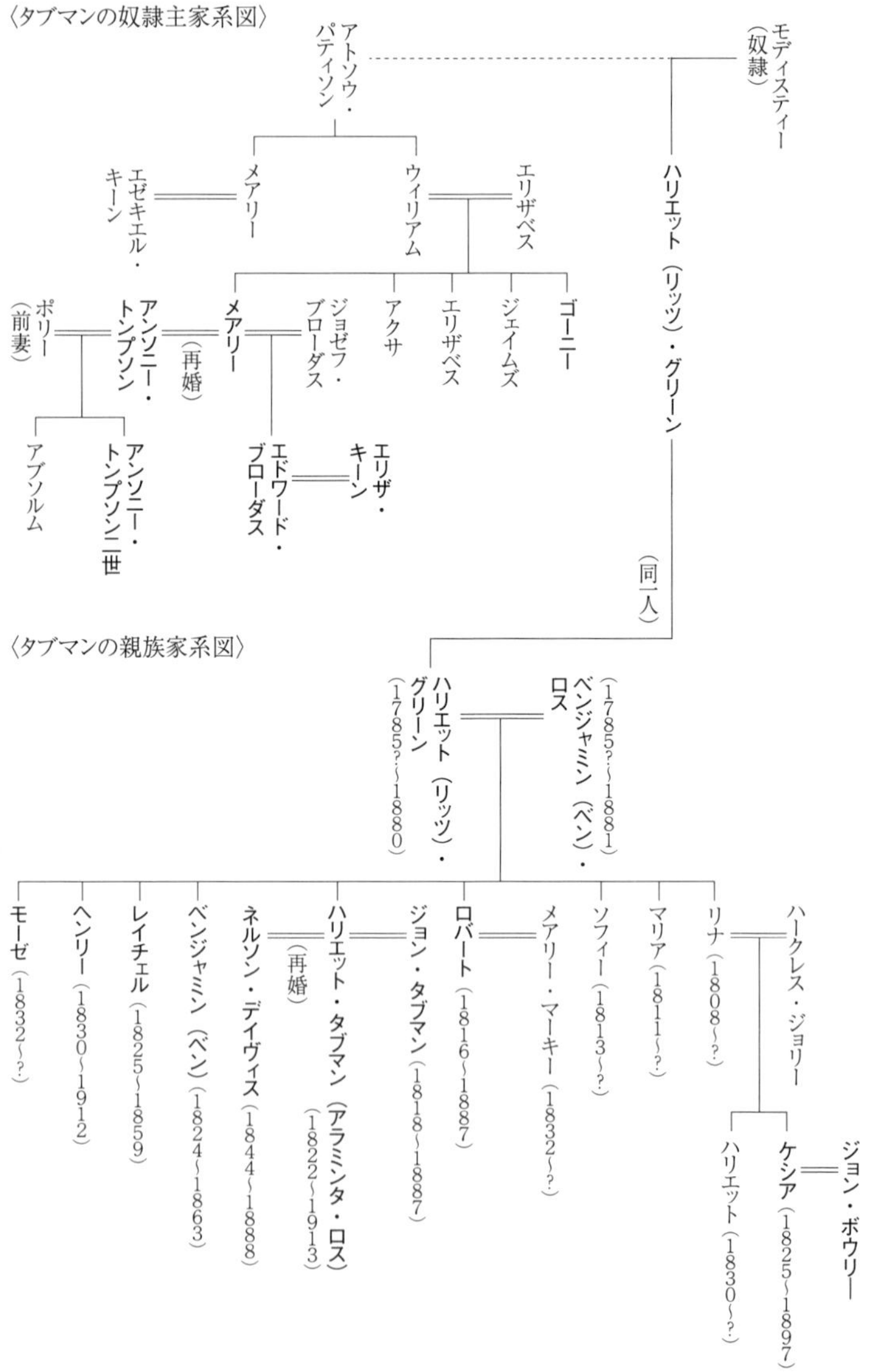

図11　タブマンの奴隷主家系図／タブマン親族の家系図

ッジに陸揚げされた。リッツの父親は、白人で、モデスティーを購入したアトソウ・パティソン自身だった可能性が高い。

パティソン家は独立革命以前からの中堅プランター（農場主）の家系で、一〇〇年以上もの間に近隣の家族との通婚などを通じて、イースタンショアに広大な森林、豊かな湿地、肥沃な農地を獲得していた。彼は、自分の所有地にある埠頭からタバコ、材木、穀物を運び出し、イギリスやカリブ海域で売りさばき、その土地の商品を持ち帰って、ニューイングランドやチェサピークの港で取引し、大プランター商人にのし上がった人物だった。

アトソウは、死亡する一七九七年の六年前、当時五歳の孫娘メアリーに六歳の奴隷リッツとリッツが将来生む子どもを、それぞれが四五歳になるまで、その「使用権」を贈与するとの遺言書を残した(4)。アトソウの孫娘メアリーは、おそらくアトソウの娘である一歳年上の女性奴隷リッツを相続し、ともに幼少期を過ごすことになった。なお、ここでは「使用権」という言葉があいまいに使われている。

当時メリーランド州では、女性には財産所有権が認められず、その売却の契約者になることも認められていなかった。そのため、ここでは「使用権」という表現が用いられた。しか

(4)　メリーランド州では、死の直前に奴隷を解放して債務取り立てを逃れることを禁止していた。そのため、死亡直前の遺言は無効であり、早くから遺言を書く者が多かった。

し、実際にはその「使用権」と「所有権」の境界線は不明確だった。例えば、リッツとその子どもたちの「使用権」の期限である四五歳以後の「所有権」は誰に移動するのか。リッツの場合には、この解放期限は守られなかったが、「使用権保持者」の結婚、再婚、出産を経て、誰に財産所有権が移動するのかをめぐって白人親族間で、繰り返し裁判が行われた。

一八〇〇年、リッツの「使用権」を相続したメアリーは一六歳のときにジョゼフ・ブローダスと結婚した。ブローダス家は児童虐待で裁判沙汰になったこともあり、白人コミュニティーでの評判は決して良いものではなかった。そのためジョゼフのメアリーとの結婚は、パティソン家の金が目当てだったとみなされていた。彼は自分の新しい家族が住む家を用意できず、妻メアリーの母親エリザベスの下に身を寄せ、メアリーの奴隷リッツとその母親モデスティーとともに暮らし始めた。そしてこのブローダス夫妻の間には、一八〇一年にエドワードが生まれた。ところが、翌一八〇二年に夫ジョゼフ・ブローダスが亡くなった。

当時の南部では、夫を失った白人女性は、ただちに自らを保護してくれる新たな後見人(多くの場合は新たな夫)を探す必要があった。妻を失った男性の側も財産を所有している女性との再婚を急いだ。メアリーは、同じドーチェスター郡に住み一八〇三年に妻を亡くしたばかりの奴隷所有者アンソニー・トンプソンとこの年に再婚した。

メアリーは、息子エドワードとリッツを含む自分の奴隷五人を連れてピーターズ・ネックのトンプソン家のプランテーションに引っ越した。リッツは、ここでトンプソン所有の奴隷ベンジャミン・ロス（以後「ベン」と記す）と出会い、一八〇八年に結婚した。ベンは、材木伐採の現場で高い技術と判断力を持つ指導的な奴隷として働き、リッツは、トンプソンの家に貸し出された家内労働者として働きながら、エドワードが結婚して彼の下に引っ越した一八二四年までに五人の子どもを産み、比較的安定した家族生活を営んできた。

ところが奴隷主メアリーは、一八一〇年、まだ九歳のエドワードを残して死んでしまった（トンプソンは、二度目の妻を亡くした）。メアリーは、名家に生まれたとはいえ、一六歳で結婚し、一八歳で夫に死なれ、一九歳で二〇歳以上も年上の男性と再婚し、二六歳で亡くなった薄命な女性だった。

その結果、メアリーが「使用権」を保持していたリッツとその娘リナと四人の男性奴隷が息子エドワードに相続された。ところがエドワードは未成年だったために成人するまでの間、奴隷を含むその財産管理は、後見人になった継父アンソニー・トンプソンが担うこととなった。

一九世紀への転換期までにドーチェスター郡の北西に接するタルボット郡の木材は伐採されつくし、林業と輸送業、造船業はドーチェスター郡に移動しつつあった。アンソニー・トンプソンは、早くからこの地で穀物栽培、材木伐採・輸送、運河建設、造船所経営に手を出しており、一八一二年の英米戦争期の好景気の恩恵を受け経営を拡大した。とはいえ、戦後の反動期には、債務を重ね、その不履行で一八一七年には投獄される経験もした。しかし、その後も近隣の有力事業家と手を組んで復活して財を成し、一八三六年に亡くなった時には、四〇人以上の奴隷を所有していた。彼は、遺言でその半数を期限付きで解放した「開明的」な事業家だった。

彼には前妻ポリーとの間に二人の息子がおり、彼らはともに教育を受け、一人は医師、一人は医師兼牧師となったが、それとは対照的にメアリーの連れ子のエドワード・ブローダスは、教育を受けた形跡がなく、将来に備えるための農具や家畜の購入に金を使うのではなく、ぜいたくな服や靴、装飾品などの購入に浪費し、トンプソンの下には居つかず、一八二二年に成人するまで各地を放浪していた。

裁判記録から出生年を割り出す

エドワードに手を焼いていたトンプソンは、彼が成人するまでの間エドワードが所有していた財産を管理し、彼の奴隷の労働を「賃金」としてエドワードの「収入欄」に記帳し、その奴隷の扶養経費をエドワードが支払うべき費用として「支出欄」に記帳した。そして、エドワードが成人して帰ってくることを見越して、一八二〇年に郡孤児裁判所の許可を得て、エドワードが相続した土地のあるバックタウンに一三〇〇ドル相当の家と納屋を建ててやった。そして、エドワードが自立するとそれまでの経費を合算して彼に一八〇〇ドル請求した。しかし、それは、エドワードの可処分財産総額をかなり超えており、彼はその支払いを拒否した。そのためアンソニー・トンプソンとエドワード・ブローダスの義理の親子は、一八二四年に裁判で争う関係に入った。裁判に負けたエドワードは、その都度、支払うと約束したが、支払わず、ついに裁判所は一八二七年に、ただちに財産を処分して支払うよう命じた。

　歴史家ケイト・C・ラーソンは、この裁判記録を丹念に検討することを通して、タブマンの出生年を突き止めた。エドワードが一八二二年に二一歳となり、トンプソンの後見から自立した際に、継父トンプソンは、それまで自分が代わって受け取ったエドワードの奴隷の借り受け賃金分から、奴隷の食料や衣服、医療費などの費用を差し引いて、その差額をエドワードに請求した。この記録のなかには、タブマンの母親リッツのお産のためにトンプソンが助産婦に支払った金額二ドルとその日付一八二二年三月一五日、および病気とお産のためにリッツが働けなかった日数四三日分、五ドル七三セントを削除した賃金額も記されていた。そのお産とは、リッツが生んだ五番目の子どもハリエット・タブマンの出産であることは疑う余地がなく、そこから彼女の出生年一八二二年と、おおよその月（二月か三月）が突き止められたのである。

　この出生年は、のちに紹介する一八四九年一〇月三日付けの『ケンブリッジ・デモクラット』に掲載されたタブマンの捕獲を求める逃亡奴隷広告の「年齢約二七歳、栗色の肌、見かけが良い女性、背丈は約五フィート」という記述と一致している。

家族の分断と売却の開始

エドワード・ブローダスは成人して間もない一八二四年にエリザ・キーンと結婚した。そのためリッツと五人の子どもはブローダス一家とともに、トンプソンのプランテーションを出て、トンプソンの奴隷だった夫ベンを残し、同じドーチェスター郡内のバックタウンにあったブローダス家の奴隷小屋に引っ越した。父親のベンは、雨季には通行ができない一六キロの道を歩いて時々やってくるほかはなかった。

ピーターズ・ネックのトンプソンのプランテーション付近には、黒人が多くいてお互いに子どもの面倒を見るなどの助け合いができたが、引っ越し先のバックタウンでは、各白人家族が少数の黒人奴隷を所有し、その時々の労働力需要に応じてお互いに貸しあうなどして、白人のネットワークを形成していた。このコミュニティーでは、白人がお互いの情報に相当通じていた。それに対して黒人の家族はそれぞれ白人の家庭に分断され、日常的に相互に交流することが難しかった。黒人奴隷の母親が自分の子育てで働けなくならないように、彼らの子どもは小さいころから白人の家庭に貸し出され、可能な仕事をさせられながら、鞭《むち》でしつけられた。

次に、今後のタブマンの行動範囲のイメージを得るために、バックタウン交差点を中心としたコミュニティーの様子について説明しておこう。先ほどのハリエット・タブマン地下鉄道訪問者センターを出て、東に向けて曲がりくねった農道を約九キロ進むと、道路の右側に

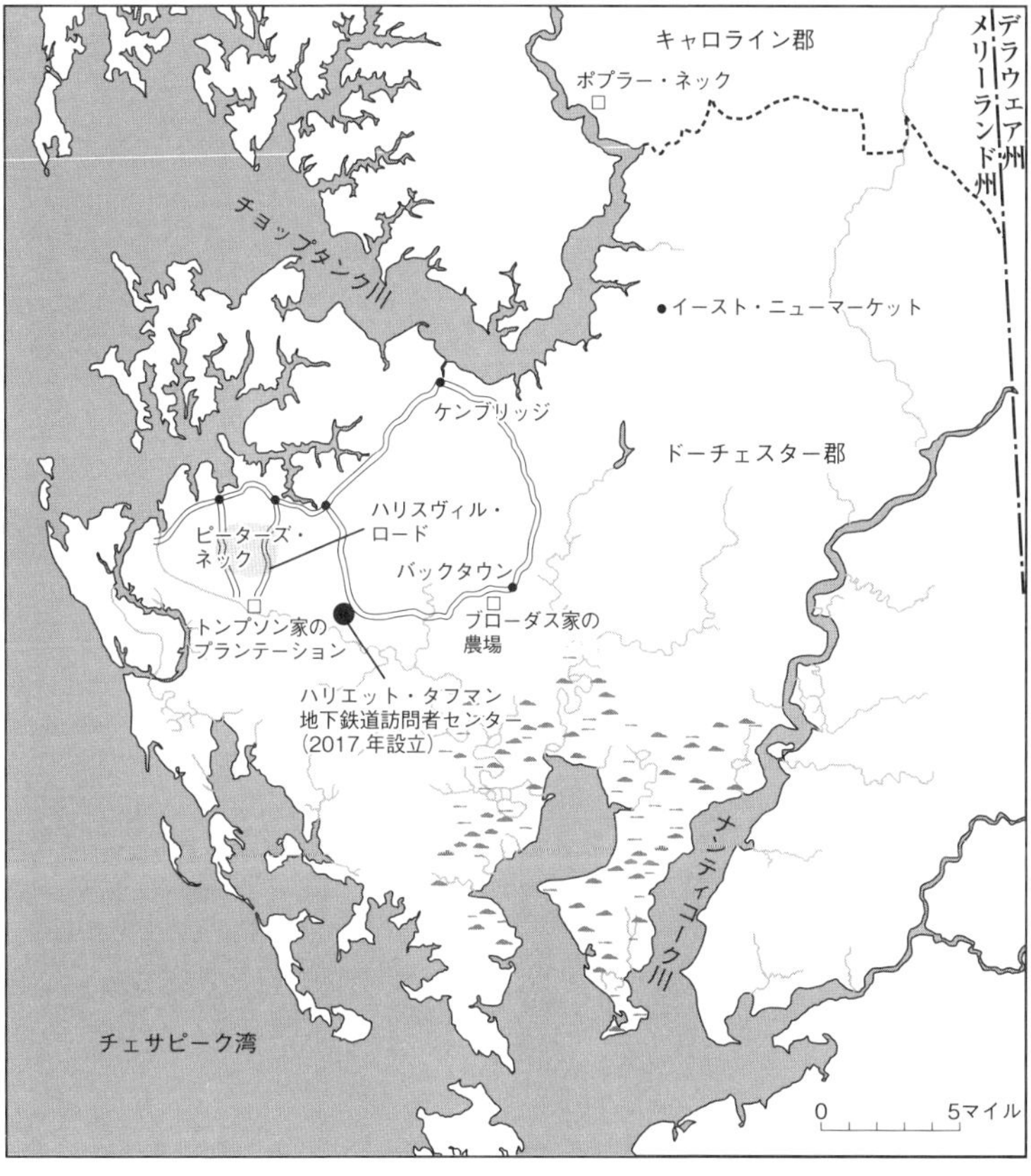

図12　1800－1860年頃のドーチェスター郡

子ども時代のハリエット・タブマンの家があったことを記した標識が立っている。ここは、ブローダス家の敷地だったところで、今では、あたりは一面の大豆畑である。グーグルの航空写真では切り開かれた畑の向こうに広大な森が広がっている。そして、ここからさらに東に一・六キロ行くとバックタウンの交差点に着く。

この交差点のわきには、今日も歴史的建造物としてバックタウン・ヴィレッジ商店の建物が残されている（経営はしていない）。外壁は、南北戦争後に修復されているが、内装の材木の多くは一八三〇年代以前のものだという。この建物は今では、この地域の旧家であるメレディス家の財産になっている。

ここではのちに述べるように、タブマンが一三歳のときに二ポンド（一キロ弱）の分銅を投げつけられて大けがをした事件が起きている。彼女はこの怪我で、生涯後遺症に悩まされることになった。

この交差点は、ケンブリッジから南東に下るバックタウン道路と、われわれが走ってきた東西に走るグリーンブライアー道路との交差点から南東に下るベストピッチ・フェリー道路の三叉路にある。当時は、それぞれの道沿いに鍛冶屋や雑貨店などいくつもの建物があった。この交差点を中心にしてバーネット親子、ブローダス家、ポリッシュ兄弟、ウォーターズ家そしてメレディス家などがお互いに土地を接しながら暮らし、ヴィレッジ商店を集いの場としていた。人々は、この交差点の店で、日常的家庭用品、農機具、馬の蹄鉄などを手に入れ、

図 13　現在のバックタウン・ヴィレッジ商店

道具の修理をしていた。今では、遠くに少数の民家が見える程度で、広大な大豆畑がはるか向こうの森まで続いている。

エドワードの妻エリザは、結婚した時に彼女の奴隷一人を連れてきたが、夫が相続した未耕作の土地は痩せていて、作物が十分に育たず、しかもこの夫婦の間には一八四九年に彼が亡くなるまでの間に八人もの子どもが生まれた。家計は厳しく、常に借金に追われていた。

彼らは奴隷を子どもの世話や家事のために使うことはあったが、十分な土地はなく、商品作物栽培を目的として奴隷を働かせることはできなかった。そのため、奴隷を近隣白人家庭に貸し出してその賃金収入を確保するか、もっとも手っ取り早い方法として、高い値の付きそうな時期を選んで順番に売りに出すことを試み続けた。しかし、すでに述べたとおりメリーランド州には、「期限付き奴隷」の州外への売却を禁止する法律があった。州内への売却は可能だったが、期限が近づくにつれその価格はどんどん下がった。それに比べ州外に売却すればかなりの値が付いた。エドワードは、一八二五年にエリザが連れてきた奴隷ジェイムズ（一四歳）とリッツの娘マリア（一五歳）をミシシッピ州に売り、その代金として六一〇ドルを受け取った。その違法な売却は、秘密裡に行われたが、同じ白人コミュニティーに住んでいたポリッシュ・ミルズは、それを詳しく知っていて、裁判所でエドワードがいくら受け取ったかを証言している。売却された二人のその後の行方はわかっていない。

ブローダス家は、危機に陥るたびにリッツの子どもたちを売りに出そうと試み、タブマンは、売却によって家族と切り離される恐怖に常に怯えながら暮らしていた。

リッツとベンの間には、一八〇八年に長女リナ、一八三二年に末っ子モーゼまで、合計九人（男四人、女五人）の子どもが生まれた。この夫婦は、生涯どちらかが売却され生き別れになることはなかったが、一八二五年に次女マリアが売られたのをはじめ、一八四〇年代初頭までに上の三人の娘たちが州外に売られ、他の子どもたちもいつ売られるかわからない状態が長く続いていた。

2　乳幼児期のタブマン

母親のもとで

タブマンが八三歳になった一九〇五年に、彼女は生まれたばかりのころの記憶について語っている。「私の最初の記憶は、木の下でゆりかごに寝ていたイメージです」。そして、白人奴隷主アンソニー・トンプソンの姪や娘から抱き上げてもらったことを覚えているという。まだ乳児だった頃のことをタブマンが実際に覚えていたとは考えにくく、他人から聞かされたことを自分の記憶と混同して話したのだろう。タブマンの伝記作家サラ・ブラッドフォードは、読者の大半を占める白人中産階級の感情を意識して、白人に好感情を持っていたタブマンの姿を強調しようとしてこの言葉をあえて残した可能性が強い。とはいえ、彼女の父親ベンは、トンプソンのお気に入りの材木伐採・運搬職人だったから、多数の奴隷のなかでも特別扱いをしてもらった可能性はある。

二歳になった一八二四年三月ころタブマンは、母親リッツとともにブローダス家が住んでいるバックタウンに連れていかれた。弟ベンは生まれたばかりであり、さらに翌年一八二五年には、妹レイチェルが生まれた。そして、この年に二番目の姉マリアが、一四歳でミシシッピ州に売られている。

リッツは、朝早くからブローダス家に家事に出かけ、レイチェルに乳をやり、ブローダス家の子どもたちを寝かしつけるまで一日中働いていた。一七歳の長女リナと一四歳の三女ソフィは、ブローダス家の農地で働くか、貸し出されていた。リッツは、出かける前にタブマンに弟のベンの面倒をきちんと見るように口うるさく注意をして出て行った。家に残されたタブマンは、弟のベンを相手に遊びながら子守をして時を過ごした。

一九〇五年のインタビューで乳児時代の逸話として、このときの経験を語っている。タブマンはベンをおもちゃにして、彼女が「袋の中の子豚」と呼んだ遊びをした。ベンの服の裾をつまんで、頭を下にしてぐるぐるベンを回転させたのである。ベンが泣き出し、しずまらなかったので、彼女はストーブの上で塩漬けの豚肉を焼き、まだ一歳になったかどうかのベンにしゃぶらせた。まもなくベンは豚肉の切れ端をくわえながら、眠ってしまった。母親リッツが帰ってきて、ベンが豚肉片を口から出したまま寝ている姿を見て、びっくりしてタブマンに問い詰めたという。

何はともあれ、タブマンが母親と同じ屋根の下で寝ることができた生活はこの頃まであり、彼女はインタビューで、懐かしくこの時代を語っている。

六歳で貸し出される

タブマンは六歳になると、外に働きに出された。最初の雇い主は、ジェイムズ・クックという男で、彼はタブマンを借り受け、妻がタブマンに機織りの仕方を教え込むことになっていた。母親のリッツは、タブマンが野良仕事ではなく、家内労働に貸し出されることを喜んだ。タブマンが思い出して語ったところによれば、クックは、農耕用の馬で迎えに来た。クックの家まで沼地や森を越えて二時間以上かかったと、[5] タブマンは後に語っている。まだ六歳のタブマンは、馬の背に載せられて、居眠りもせず、クックの家に無事たどり着いた。初めての経験でこの先何が起こるかもわからず、相当緊張していたものと思われる。

クックは、奴隷を四人所有していたが、いずれも奴隷小屋で暮らしており、家には白人の家族しかいなかった。家に着くと、家族がコップに入ったミルクをくれたが、どんなに勧められても、タブマンはそれをかたくなに拒んだ。初めて母と別れ、白人だけしかいない家のなかで、彼女は緊張し、ひどいホームシックを感じていたのだろう。

翌日から、機織りの訓練が始まった。しかし、その後も何日もかけて教え込もうとしたが、彼女はミルクを拒否したのと同じようにまったく機織りを学ぶ気がなく、クック家の女性たちはついにタブマンにこの仕事をさせることをあきらめざるをえなかった。

クックが彼女に与えた新たな仕事は、川のなかに仕掛けたマスクラット（はたねずみ）の

---

(5) これは彼女の子ども時代の記憶が不正確だった事例で、クック家まで距離にして、実際には五キロほどしかなかった。まだ六歳の彼女にとっては、初めての遠出だったためだろう。

罠をチェックし、獲物を回収する仕事だった。マスクラットは、毛皮が高く売れる動物だったが、肉も食用になった。ドーチェスター郡の沼地には、浅瀬が多くマスクラットが巣穴を掘ったり、ドーム型の巣を作ったりするのに理想的な場所だった。当時この狩猟は、下層白人の仕事だとみなされていた。ちなみにタブマンは、のちに逃亡する際にマスクラットの干し肉を途中で食べて飢えをしのいだと語っている。

小さな少女にとっては、マスクラットを罠から取り出して捕まえる仕事は容易ではなかった。しかし、タブマンは、家のなかでの仕事より外での仕事のほうが好きだったと語っている。ところが、はしかに罹った時に冷たい川のなかで作業を続けたために、ひどく具合を悪くしてしまい、それを知った母親リッツは、所有者ブローダスを説得してタブマンを看病するために自分のもとに帰させた。タブマンはリッツの小屋の暖炉の脇に置かれた藁を敷いた木の箱の上で眠り続けた。

回復してクック家に送り返されたタブマンは、再び機織り仕事を習うよう命ぜられたが、頑として始めようとはしなかった。クックは、やむなく彼女をブローダス家に帰した。

ちょうどその頃、ブローダス家に、「赤ん坊の子守と家事をする子ども奴隷を貸してほしい。場合によっては将来、その子ども奴隷を購入したい」という白人女性スーザンがやってきた。エドワードは貸出額の交渉をしてタブマンを送り出した。

スーザンは食事や衣服を十分与えてくれたが、体罰がひどかった。部屋の掃除の経験などなかったタブマンに何も教えずに、埃《ほこり》が家具の上に残っていると言っては何度もやり直させ、そのつど鞭《むち》で打った。その傷は、生涯残った。

スーザンの鞭打ちの様子を見かねた家族のエミリーが、タブマンに部屋の掃除の仕方を教えてくれた。まず、家具を部屋の真ん中に動かして床を掃き、埃が落ち着くまで待って、家具を元に戻し、残った部分の床を静かに掃く。そうすれば、埃が家具の上にまた舞い降りることはないというのだ。

タブマンは、他の家内奴隷と同様、朝食前から夜中まで休みなく働かねばならなかった。子どもを寝かしつけるのには苦労した。とくに赤ん坊の具合が悪い時は大変だった。なかなか寝つかず、彼女がついウトウトしてしまい、赤ん坊が泣き出そうものならすぐに鞭が飛んできた。タブマンは、あたかもその鞭が十分効果を上げているかのように、あえて大きな声で泣き叫び、鞭打たれても皮膚に傷がつきにくいように、厚手の布地を肩や首に巻くように工夫したと、のちに語っている。

そんなある日の朝、スーザンと夫とが激しく言い争いを始めた。タブマンは、テーブルのそばに立ってスーザンから赤ん坊が手渡されるのを待っていた。するとテーブルの上のちょうど目の高さに角砂糖がいっぱい入った壺が見えた。彼女はのちに「私はそんなおいしそうなものは一度だって口にしたことがなかったんです。甘い、砂糖なんて。その砂糖がすぐ目の前にあったんです。素晴らしいもののように見えました」と語っている。

小さなタブマンにはもうがまんができなかった。スーザンは、まだ夫と言い争っていて後ろを向いていたが、タブマンの指が砂糖壺に届いて砂糖をつまんだことに気がついて、急いで鞭に手を伸ばした。だが幸運なことにタブマンのほうがドアに近かった。彼女は朝の戸外に飛び出した。スーザンも夫も彼女を捕まえることはできなかった。タブマンは近所の家々のそばを一心不乱に走り抜け、自分がどこに向かっているのかわからなくなった。もちろん母親リッツ、父親ベンの家がどっちにあるのかもわからなかった。ともかく鞭で打たれる場所から逃れたかった。白人夫婦の姿は見えなくなったが、二人があきらめないだろうことはわかっていた。

ついに疲れて歩き始め、見つけた豚小屋のフェンスによじ登って、てっぺんからドタリと小屋にずり落ちた。豚の糞尿や泥のなかに落ちてしまい、顔中が糞尿と泥だらけになってしまった。豚のえさとして投げ込まれ臭くなった残飯が地面に散らばっていた。それでもタブマンは、そこにいた一〇頭近くの豚と餌を争いながら四日間を過ごした。

しかし、四日目についに耐えきれなくなった彼女は、そこから出てスーザンの家に帰った。スーザンは、そのときには鞭を振るわなかった。夫はタブマンに二階に行くように命じ、妻の見ていない場所でタブマンに背後から激しく襲いかかった。タブマンは主人の膝にかみついて抵抗した。彼はさらに暴行を加え、タブマンはあばら骨を折り内臓を痛めた。それは後々まで後遺症となってうずいた。

彼女はのちにインタビュアーに対して、「奴隷主が残酷だと言って非難しても何の役にも立ちません。あの人たちは、鞭を手に持って育ってきたのです」と語っている。そして「すべてのプランテーションでそうだということではないかもしれません。なかには良い主人もいると聞いたことがあります。でも、そんな奴隷主に私は出くわしたことがありません」と語っている。

スーザンはしつけに手を焼き、しかも夫が暴行を加えたタブマンを自分の家で働かせ続ける気は、もうなかった。タブマンは再び、ブローダス家に戻された。六歳のとき、機織りのために貸し出されて以来、おそらく二年近く彼女は家内奴隷として働かされ、厳しい体罰と監視のシステムである奴隷制を体験した。しかし、幸運なことに彼女は、その後、暴力的な体罰を受けたことはなかった。

3　野外労働でたくましく成長

まもなく、彼女は家内労働には不向きだとされ、屋外で働かされることになった。一八三三年五月、タブマンが一一歳のとき、母親リッツが三人の娘とともに近くのポリッシュ・ミルズに貸し出された際には、タブマンは一緒に行けず、ブローダス家の農地で働くか、他の農家に貸し出されていた。彼女は、小麦粉の樽を荷車に載せるなど普通は男性に課せられる肉体労働もこなし、鍬《くわ》やシャベル、ピッチフォークなどの農具も使いこなせるようになっていた。彼女の肉体は見違えるように強靭になっていた。

女性奴隷の野外労働

当時、女性奴隷にとっては家内労働のほうが好ましく、野外労働は過酷でより劣った者に割り当てられる労働だと一般的には見なされていた。しかし、実際にはそう単純ではなかった。たしかに白人奴隷主は、要領がよく容姿のよい女性奴隷を屋敷のなかで使用し、彼女らには相対的にましな食べ物を与え、自分たちのお下がりの衣服を与えるなど野外奴隷とは異なった待遇を与えた。家内奴隷は、文字を覚えたり白人の生活から学んだりする機会も多かった。白人家族の情報をいち早く黒人コミュニティーに伝え、同時に、黒人コミュニティーの内情を白人に伝えるのも彼らだった。しかし、野外奴隷より楽だと思われがちな家内奴隷には、労働と休息の境目がなく、彼女たちは長時間労働を強いられるだけでなく、常時奴隷主に監視され、性的攻撃の対象にされやすく、さらに家族が共に過ごす時間が限られているなど、不利な点も多かった。

逆に野外奴隷は、厳しい条件の下での重労働を強いられたものの、広い空間を移動することができ、相対的に監視が密でなく、家族が一緒に長く過ごせる場合が多かった。タブマンは、商品作物栽培プランテーションの奴隷とは違って、貸出奴隷として樹木の伐採と運搬に従事したので、広範囲を自由に移動し、各地の人物との交流が可能だった。そのため、この地域の人々の人的関係や地理、自然について広く学ぶことができた。それはタブマンにとって自らの逃亡だけでなく、家族をはじめとする黒人の逃亡支援活動にとって有用な能力を育てる場となった。

タブマンは、一八三三年一一月、トンプソン家とごく親しい関係にあったジョゼフ・スチュアートのもとに貸し出され、木材の伐採などの作業に当たり始めた。そこでは、父親のベンが現場監督として働いており、彼女は父親から多くを学ぶことができる環境で鍛えられた。ジョゼフは、湿地帯の材木輸送をよりスムーズにする運河を建設するためにドーチェスター郡政府が組織した「七人委員会」のメンバーで、アンソニー・トンプソンもその一人だった。

彼らは、森のなかで伐採したホワイトオークやヒッコリー、松などを荷車に載せて雄牛に引かせ、船着き場まで運んで、運河や河川を利用して近隣都市、さらに大西洋に出て、北東部工業地帯まで輸送する事業に取り組んでいた。当然、材木業を中核とする事業家たちは、奥地の道路建設、製材、造船にまたがる利益集団を形成し、彼らは期限付き奴隷の解放によってより生産性の高い自由黒人の労働力をこの地域に維持し続けた。

タブマンは、父親ベンとともに、朝早くから森に出かけ、夕方遅くまで働いた。仕事が終わると、ベンはピーターーズ・ネックの自宅へ、タブマンはバックタウンにある自分たちの小屋に向かった。暗い夜道を、星や月の光を頼りに歩くことを学んだ。星の読み方を教えてくれたのは父親のベンだった。弟のベン以外の兄弟・姉妹はリッツとともにポリッシュ・ミルズの家に貸し出され、そこに住んでいたので、タブマンが帰る家には弟のベンしかいなかった。帰った家には母親リッツが用意してくれた塩漬けの豚の脂身と何らかの穀物食品が置いてあり、それを食べ終わるとあとは寝るだけだった。昼間は逞しい男たちと一緒に働いたタブマンも、まだ一一歳の少女であり、寂しさに耐えねばならなかった。

獅子座流星群の神秘

一八三一年一一月は、アメリカで最も有名な奴隷反乱の指導者ナット・ターナーが処刑されてちょうど二年目にあたっていた。彼は二年前の一一月一一日、聖霊から「人々の軛《くびき》を打破する救世主がまもなく地上に舞い下りる」と直接聞かされたと実感し、その予言と啓示を実行に移すことが自分の務めだと信じ、周りの黒人たちに呼びかけて、白人を六〇人も殺害するアメリカ史上最大の黒人奴隷反乱を引き起こした。一八人の奴隷が絞首刑にされたこの奴隷反乱は、全南部の白人社会を震撼させた。彼の予言に不安を感じていた奴隷主も多かったといわれ、彼の処刑二年目のこの時期に白人たちの間では緊張が高まっていた。近隣のパトロールが強化され、とくに夜間に黒人が出歩くことは厳しく取り締まられた。

異変があったのは、その翌日の一一月一二日の夜のことだった。タブマンは、弟のベンに見張りをさせて、ひそかに母たちが貸し出されていたミルズの家に向かい、母と姉リナに会い、赤ん坊と遊んで楽しんだが、疲れて寝込んでしまった。

突然、そこに弟のベンが興奮した様子で飛び込んできた。ベンは、タブマンにすぐ表に出てくるように叫んだ。彼女は主人のェドワード・ブローダスか、パトロールの白人が来ているのかと思い、何と言い訳するかを考え身構えた。しかし、表に白人はいなかった。外に出てベンが指し示す空を見あげて彼女は、思わず息をのんだ。

獅子座流星群の無数の流れ星が、夜空に降り注いでいたのである。多くのアメリカ人がこれを「火のシャワーのようだった」とか「吹雪のようだった」と表現したといわれている。この大流星群は三三年周期で発生するもので、一八三三年の獅子座流星群は、とりわけ規模が大きかった。とくに北アメリカでは、その日は天候が良かったために多くの人々が恐怖と感動をもってこの流星群を朝まで見ていた。その流星の数は二〇万にも達し、夜中の三時ごろなのに朝が来たと思って目を覚ました人がいたとも伝えられている。

タブマンの家族たちは、「この世に終わりが近づいているに違いない」と感じ、自分たちの生活が、人間によってではなく天空の何ものかによって管理されているらしいことを実感した。タブマンと弟のベンは、誰にも見つかることなく星空を見つめて、その感動を深く記憶に刻み、自分たちの家に戻って麦藁のベッドにもぐりこんだ。

当時いわゆる「大覚醒運動」と呼ばれる宗教改革運動が燎原《りょうげん》の炎のように全国各地に広がっており、「星がキリストの再来を知らせに降りてきた」と叫ぶ指導者がたくさんいた。

大怪我と後遺症

二年後の一八三五年の秋、タブマンはブローダス家の隣のバーネット家に雇われた。その仕事は、亜麻の収穫と加工だった。六月初めに植えた亜麻は、秋には二メートル以上にも伸び、青い透明できれいな花を咲かせ、一〇月には収穫期を迎えていた。一三歳になって成長したとはいえ、小柄だったタブマンは、自分の背丈よりもはるかに高く育った亜麻畑のなかで働いた。

当時、メリーランド州やヴァージニア州では、亜麻は販売目的ではなく消費目的で栽培されていた。この地方では普通女性がその加工にあたるため、母屋の裏口に面した一エーカー(約四〇〇〇平米)か二エーカーの土地が亜麻の栽培に当てられた。その亜麻の茎から繊維を取り出して奴隷向けの肌着やリネン類、収穫用バッグあるいはロープにするのである。

青い花の下に実があらわれ、油を搾りとるため実の収穫が終わると、奴隷の重労働が始まる。彼らは、亜麻の茎を根元から引き抜き、それを集めて流れのある水のなかに漬ける。タブマンは野外での労働が得意で、すでに鍛えられており、一エーカーの亜麻畑でその茎を引き抜く作業を一人で苦もなくこなしたので、監督の監視は不要だった。

水に漬けられた亜麻の茎は、数週間後に、完全に全部が腐ってしまう前に繊維を残してきれいに洗い流し、適当な場所で乾燥させる。亜麻を水に漬けている間は、トウモロコシの皮むき、小麦畑の雑草取り、堆肥づくりなどの仕事が割り当てられた。

亜麻が乾燥すると、今度は叩いて中心部にある長い繊維をきれいに取り出す単調な作業が待っている。西部では、これは男性たちの仕事で、隣近所の者が交互にみんなで集まってやるが、南部では奴隷の仕事だった。刃のついた木製の台の上に刃に沿って亜麻を並べて、上から押さえつけ、茎をずらしながら引き抜き、表皮がなくなるまで繰り返すのだ。亜麻くずを叩いて落とし、今度は釘をたくさん打った梳き櫛で、繊維をきれいに仕上げる。

これらの作業では、指を傷つけることが多かったが、タブマンがそれを気にした気配はない。むしろタブマンが気にしていたらしいのは、この作業中に静電気で髪の毛が逆立ち、綿毛が絡まってひどい姿になってしまうことだった。思春期を迎えていた彼女が外観を意識するようになっていたことを示しているのかもしれない。

太陽が傾き、ブローダス家とバーネット家の樹の間に降りてきて、日中の作業で舞い上がった亜麻の綿埃が落ち着くと、やがて遠い地平の向こうに赤い夕陽が沈み一日の労働は終わる。その日、母屋の勝手口から料理人の黒人女性が出てきて、タブマンに「バックタウン交差点の店に買い物に行くけれど一緒に行かないかい」と聞いてきた。タブマンは、それから七〇年もたった後で、とくにこの日の自分の髪の毛の様子について語っている。綿埃にまみれ、ボサボサの髪がそのままだったので、一緒に店に行くことをためらったという。彼女は身なりを気にする乙女になりかけていたのだ。

その料理人の黒人女性は、母屋に戻って肩掛けショールを持ってきて彼女の髪の毛を覆ってくれた。このショールは女主人のものだったと思われるが、彼女の許可を得たかどうかはわからない。タブマンたちは、夕陽を背に受けてグリーンブライアー道路を東に向けてしばらく歩き、バックタウン交差点の雑貨店バックタウン・ヴィレッジ商店に差しかかった。

ちょうどそのとき、騒ぎが持ち上がった。バーネット家の奴隷監督が、仕事をさぼって出歩いていた黒人少年が店にいたのを見つけて、彼を捕まえようと店に飛び込んで行ったのである。そうはされまいとこの少年は店から飛び出してきた。監督はタブマンに向かって「そいつを捕まえろ！」と叫んだが、タブマンにはそんなことはできなかった。この奴隷監督は、秤《はかり》に使う二ポンド（約一キロ）の分銅をつかんで開いているドアに向かって投げつけた。その分銅がタブマンの頭にまともに命中したのだ。ショールは真っ赤に血塗られ、分銅は頭蓋骨を陥没させてその場に落ちた。

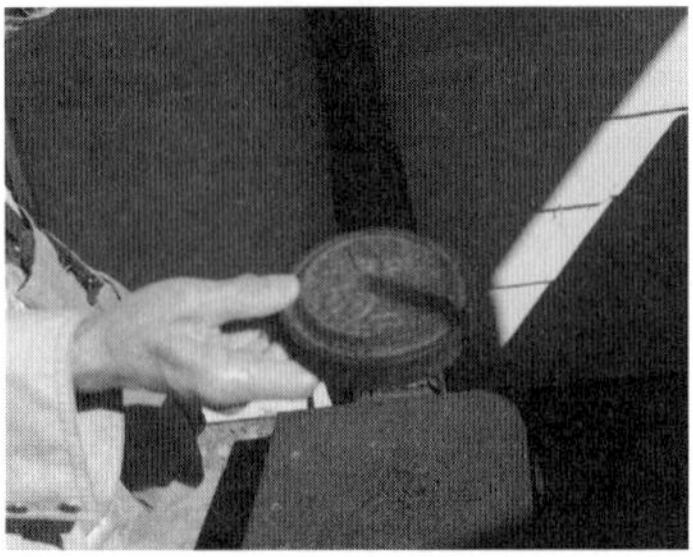
図 14　分銅つきの秤

今でも、この商店の入り口のドアの脇には分銅を使った昔ながらの秤が置かれており、そこには、ここで投げつけられたのとおそらく同じ形の二ポンドの分銅が、秤の横棒に挟まれていた。まさか当時のものではないだろうが、十分さびていて、手に取ってみるとズシリと重かった。

この入り口のすぐそばで、この分銅と同じものを投げつけられ、あたりは血に染まり、タブマンは意識を失った。一緒に来た黒人料理人がタブマンを抱きかかえてバーネット家に運び込んでくれた。そこにはベッドはなく、機織り機の椅子に寝かされた。タブマンは気を失ったまま、そこで三日間も寝続けていた。雇い主のバーネットはまもなくタブマンをブローダス家に返した。

彼女は、頭蓋骨陥没の重傷を負って、突然睡眠症（ナルコレプシー）という後遺症に生涯悩まされることになった。

「主」の存在を自覚

タブマンが意識を失ったままだった数日間、家族は彼女がもう目覚めないのではないかと心配した。しかし、祈る以外には何もできなかった。きっとそのときに母親のリッツは、聖書に出てくる話を繰り返し、「主の導き」について語ったに違いない。

当時は、キリスト教の「大覚醒運動」が南部にも広がり、各地で夜間の野外集会が開かれ、多くの黒人が白人主人の許可を得て参加した。場合によっては白人と黒人がともに神の前で祈った。参加者は極めて熱狂的で、仕事が終わってから一〇キロも先の集会場まで出かけ、翌日の朝の仕事に間にあうように夜道を帰って来た。なかには、主人の許可を得たのをよいことに逃亡を試みる奴隷もいた。

トンプソン家の長男、アンソニー・トンプソン二世は、メソディスト教会牧師の資格を一八二八年に取得しており、タブマンの家族に教会に来てお祈りをするように勧めたといわれている。当時は、白人の教会に別席を設けて黒人を参列させることが普通だった。しかし、すでに自由黒人が多かったこの地域では、黒人独自の礼拝集会も行われていた。

現在、バックタウン交差点の近くには、南北戦争直後、黒人教会として建てられたバズル・メソディスト・エピスコパル教会が静かにたたずんでいる。バックタウンから南に下るベストピッチ・フェリー・ロードを南に約一キロ行くと、切り開かれた農地と森の境界あたりで道路が急カーブする場所の奥にバズル教会はある。よほど注意しない限り森の陰に隠れてしまって見つけることができない。私は、初めは発見できず通過してしまい、引き返してようやく見つけることができた。道路わきにベニア板の上に「BAZZLE Church」という手書きの小さな看板が出ており、車を止めて中に入っていくと、木立の陰の向こうに、周りの草をきれいに刈った広場があり、そこに小さな木造の教会らしき白い建物があった。今も使われているのだ。タブマンの家族は、その教会の近くの森のなかで開かれた礼拝集会に参加したといわれている。

当時、ケンブリッジの北東二五キロにあるイースト・ニューマーケット出身の自由黒人サミュエル・グリーンは、この地域のアフリカン・メソディスト・エピスコパル教会で礼拝を執り行っていた。彼は、のちに奴隷制廃止運動の全国集会に参加し、カナダへの奴隷逃亡支援活動（地下鉄道運動）でタブマンらの協力も得た人物だった。彼がバックタウン・コミュニティーに住んでいたころに、タブマンの家族と交流を持っていたかどうかは不明である。ちなみにタブマンの母親リッツ（リッツはハリエットの短縮形）の旧姓はグリーンであり、このサミュエル・グリーンと何らかの姻戚関係があった可能性がある。

大けがをして、長いこと意識を失っていたタブマンは回復すると、目が覚めたあと突然、恍惚状態になって夢の中身を話し、「主の導き」について語り始めることが多くなった。これはのちの彼女の人並み以上の活躍を見ても、単なる精神錯乱の表れとは考えにくい。小説家にして歴史家でもあるビヴァリー・ロウリーは「幻覚は、奴隷としての精神的束縛からの解放を意味した可能性がある」と指摘している。ちょうど思春期の真ったただなか、彼女の宇宙観・世界観の大きな転換が、この大けがの時期に起こったと考えて間違えなさそうである。

父親との材木伐採・運搬労働

エドワード・ブローダスはタブマンを売り飛ばそうとしたが、このような障害を持った女性奴隷を買う者はあらわれなかった。そこで彼はタブマンを父親ベンの所有者である自分の継父アンソニー・トンプソンに貸し出すことにした。

ところがまもなく一八三六年四月、そのアンソニー・トンプソンが亡くなってしまった。彼は遺言で、自分が所有する約四〇人の奴隷の半数をそれぞれ期限付きで解放するとしていた。ベンについては、一八四一年に解放すると約束し、ベンが存命中、ハリスヴィル・ロードにある一〇エーカーの土地の樹木を伐採して自由に売却することを認めた。

期限付きの奴隷ベンを相続したアンソニー・トンプソン二世は、当時ケンブリッジで薬局を経営していた医師だったが、このときにベンが使用権を認められた土地を含めて、相続したドーチェスター郡の土地すべてを父の友人のジョゼフ・スチュアートに売却した。そしてジョセフは、その一〇エーカーの土地の使用権をそのままベンに認めることに同意した。

ジョセフ・スチュアートの息子ジョン・T・スチュアートは、タブマンのトンプソン家への借り出しを受け継ぎ、彼女をピーターズ・ネックにいた父親ベンと一緒に住まわせた。タブマンがベンとともに暮らしたピーターズ・ネックは、自由黒人として生まれた者も含め、トンプソンがかつて奴隷として所有していた自由黒人の住居に囲まれていた。このころにはリッツを含め家族五人もベンと一緒に暮らすようになっていた。

スチュアートに雇われていたタブマンは、トンプソン二世に代理人になってもらい、年間五〇—六〇ドルをブローダス家に支払うことを条件に自立して賃仕事をするとの提案をおこない、受け入れられた。必ずしもスチュアートにだけ雇われるのではなく、有利な仕事がある場所に行って働き、余分の収入を確保して蓄えた。このような労働契約を結ぶことができたのは、ナルコレプシーという病を抱え、文字の読み書きを学ぶ機会にも恵まれなかったにもかかわらず、彼女が優れた知的能力を持ち、森の中での木材伐採で技術を磨き、逞しく疲れを知らず働くことができる体力を身につけていたからだった。雇い主のジョン・スチュアートは、彼女の働きぶりを友人たちに見せて自慢していたという。

こうしてタブマンは四年間で四〇ドルを稼ぎ、近所の農家から二頭の雄牛を購入した(6)。当時、女性奴隷がこのような取引をすることはほとんど不可能であり、できたとしても例外的だと考えられる。これは彼女がこの地域で、スチュアート家という有力者の保護下にあったためだろう。

高温・多湿で、蚊の大群が襲い、葉が覆いかぶさっていて風が通らない沼地での樹木の伐採と運搬のための労働は厳しかった。黒人たちはタブマンの父親ベンの指図に従って、それぞれ二人がかりでリズムを合わせてのこぎりを引き、大木を切り倒して枝を払い、適当な大きさに切断した。次に運搬できる大きさに切断された材木を雄牛に牽引《けんいん》させ、荷馬車に載せて水辺まで運ぶのだ。ドーチェスター郡内には川や湿地が多く、物を運ぶのに川の流れなどを学ぶ必要があった。危険に満ちた現場だった。

タブマンは、父親のベンや他の男たちから植生や自然の道、川の深さ、道標の配置、危険な場所などを学びながら働いた。遠くの湾まで出て、材木を下ろしたり積み替えたりする作

(6) 他人の雄牛を借りて木材を牽引して運ぶより、自分の雄牛を使って運ぶほうが、収入が増えるからである。

業も見て学んだ。チェサピーク湾の波止場まで馬車を使って、あるいは馬に乗って出かけることもあった。どんな書類をだれがどのようにして渡し、当局からどのように許可を得ているのかも見て知った。二本マストの小型帆船が荷物を満載して湾を北に向けて出ていくのを見送りもした。

白人の監視から相対的に自由になっていたタブマンは、プランテーションや森の世界との接点を持ちながら、広い海上ネットワークで働いていた水夫たちとも日常的に接していた。黒人船員は、黒人コミュニティーの情報ネットワークの要になっていた。アメリカ黒人のアフリカへの植民運動の進展、カリブ海域での奴隷制廃止など、海外からの情報も入ってきた。場合によっては引き離されていた家族の情報も届いた。彼らは奴隷にとってどこが安全でどこが危険なのか、同情的な白人はどこにいるかを知り、もちろん北部の自由への道についての情報も持っていた。

黒人たちは、白人たちの世界と並存する秘密の世界を作り上げていた。ここでタブマンは、人並み以上の集中力を持ってコミュニケーション能力、具体的には口頭や身振りでのコミュニケーションの方法、暗号化された霊歌、表情、一瞥、歩き方、手の動かし方、偽装や欺く技術を学び、身につけた。このような能力は、その後の地下鉄道運動には欠くことができない能力だった。

父親のベン・ロスは、優れた技能と判断力を持つ奴隷であり、二人目の所有者アンソニー・トンプソン二世にも信頼されていた。そして多くの水上労働者と交流しており、彼が遠くメイン州に至る情報ネットワークを持っていたことは何ら不思議ではなかった。トンプソンとのちにベンの雇用者となるジョン・スチュアートは、ベンが仲間と一緒にボルティモアまで行くことを許していた。そしてベンは、トンプソン一世の遺言より一年早く一八四〇年にトンプソン二世から解放され、いちいち許可を得ずに動き回ることができるようになった。

姉たちの売却

タブマンの上から二番目の姉マリアは一八二五年にミシシッピ州に不法に売却されたが、おそらく一八四〇年代の初めに長女リナと三女のソフィも州外に秘密裡に売却された。

メリーランド州の奴隷主は、他の州、とくに隣のヴァージニア州の奴隷主と比べ、自分たちには「品位」があると考え、「期限付き奴隷」の州外への売却に対しては否定的な態度をとることが多かった。しかし、ひそかに売却が行われれば、自分の直接的利害にかかわることでない限り、これを食い止めることは難しかった。

エドワード・ブローダスは、一八四二年に債務不履行で訴えられ、保安官によって二一六エーカーの土地と一八歳の奴隷ベン（タブマンの次に生まれた弟）、牛二頭を差し押さえられた。そのとき、ベンは留置所に入れられ競売にかけられることになった。南部農村では一年間の決済は大概クリスマス前後に行われるので、きっとそれはクリスマスのころの話である。

おそらくこの年のクリスマス前後にリッツの長女リナが売却された。売られるとのうわさを聞いていたリナの夫ハークレス・ジョリーは、このとき、アンソニー・トンプソン二世に、リッツの最初の所有者アトソウ・パティソンの遺言を守って州外売却をやめるよう、エドワードを説得してほしいと頼み込んだ。州外への売却を避けるためにはリナを買い取る方法も考えられたが、トンプソンはこの当時土地を購入して大きな借金があったため、余裕がないと断わった。

リッツとリナを借り受けていたポリッシュ・ミルズが、後のエドワード家の財産をめぐる裁判で証言したところによれば、リナは州内で売却されれば二〇〇ドル以下だったにもかかわらず、ジョージア州の奴隷商人に四〇〇ドルで売却することができた。皮肉なことにそのおかげで、エドワードは差し押さえられていた牛二頭と奴隷ベンを失わずにすんだ。

こうして正規の手続きを取らずにエドワードは、リナを二人の娘ケシア(一七歳)とハリエット(一二歳)と切り離してひそかにジョージア州に売り飛ばした。その後まもなく三女ソフィも州外に売却された、とポリッシュは証言している。エドワードの奴隷売却はいずれも非合法で、裁判所に届けておらず、売却税も支払っていなかった。二人の娘がその後どこに行ったかはわかっていない。

末っ子モーゼの売却を阻止

まもなく、エドワード・ブローダスは、リッツの末っ子モーゼをジョージア州の奴隷商人に売ろうと試みた。そこで何が起こったかについて、モーゼのすぐ上の兄ヘンリーが、一八六三年に連邦軍解放民調査局で証言している。

モーゼは一八三二年に生まれたが、その時点で母親リッツはすでに四五歳を過ぎていたから、遺言に従うならリッツはすでに法的には自由身分であり、モーゼは最初から自由身分として扱われるべきだった。しかし、エドワードはそんなことには恐らく気づきもせず、モーゼが売却適齢期になったのを機会に彼を州外に売り出そうとしたのである。

娘たちを売却されてひどくショックを受けていたリッツは、見かけない白人がエドワードの家に来ていることにすぐに気がついた。そして、エドワードがその白人に五〇ドル余計に出せと迫っているのを盗み聞きし、彼女は決然とした態度に出た。

案の定、エドワードは野良にいるはずのモーゼを大声で呼んだ。そこで、リッツは彼の前に立ちはだかり、「あの子に一体何の用があるんですか」と迫った。リッツはすでにモーゼに、バックタウン交差点の西のグリーンブレア沼にある森の中に隠れているように伝えてあった。エドワードはごまかそうと、リッツに水差しに水を入れて持って来いと命じた。水を持っていったリッツは、すぐに次の手を打った。エドワードは自分でモーゼを探しに行ったが、モーゼは出てこなかった。

エドワードは、奴隷商人にとりあえずケンブリッジのホテルに帰って待っていてほしいと頼み、モーゼを必ず捕まえて連れて行くと約束した。そしてエドワードは、妻エリザが連れてきた奴隷に命じてモーゼを森の中に探しに行かせた。実はこの奴隷は、リッツが森に隠れていたモーゼに食料を運ぶよう頼んでいた男だった。リッツは、彼がモーゼのところに行く前にモーゼに連絡した。モーゼはさらに奥地に逃げ、エドワードの手先となったこの黒人はモーゼを見つけることができなかった（見つける気がなかった可能性もある）。

エドワードは、その晩、近所の白人のジョン・スコットとともにリッツの家に来て、「スコットがタバコの火が欲しいと言っている」と言って彼女の家の中に入ろうとした。リッツの家は奴隷主エドワードの所有物であり、彼らが中に入ることは何の問題もなかったはずだった。しかし、リッツは断固とした態度でドアの前に立ち、火かき棒を持って「最初に私の家に入った者の頭をかち割るよ！」と警告し、身構えた。白人たちは、リッツの剣幕に恐れをなして退散した。モーゼを州外に売り飛ばすことにやましさを感じていたのかもしれない。

エドワードに言われて町で待機していた奴隷商人は、まもなくモーゼの購入をあきらめて他の奴隷を連行して、ジョージア州に帰っていった。

エドワードは、その後、リッツや子どもたちの忠誠心を維持しようと、見え透いた言い訳をした。そして、自分が死ぬときには子どもたち全員を解放すると約束したが、実際にはそんな遺言を残さずに死んでしまった。

なぜリッツはモーゼの売却を食い止めることができたのだろうか。彼のその後の口約束が示しているように、彼が他の奴隷たちの反発や逃亡を恐れていたことも考えられる。モーゼを州外に売り出すことは違法であり、そうすることに後ろめたさを感じていたこともあるかもしれない。リッツとその家族を借り受けていたスチュアートやトンプソンたちからの、一層の不評を買うことを恐れたとも考えられる。また、自らの出産に立ち会ってもらい、曾祖父アトソウ・パティソンから自分の母親メアリーに相続されたリッツには、小さいころから世話になっていたことも関わっていたかもしれない。すでに述べたようにリッツは、アトソウ・パティソンとアシャンテ族出身の奴隷モデスティーとの間にできた娘だったと思われるが、そのことをエドワードが知っていたかどうかはわからない。もし知っていればそれが何らかの影響を及ぼしていたかもしれない。

4 売却の危機が迫る

タブマンの結婚

タブマンは、一八四四年にピーターズ・ネックの森の中で一緒に働いていたジョン・タブマンと結婚した。それまで「アラミンタ・ロス」という名前だった彼女は、これをきっかけに「ハリエット・タブマン」と改名した。ジョンは、混血の自由黒人で、タブマンの父親ベンの指導下で働いていた。ハリエットとジョンがどのようなきっかけで結婚するようになったのかは、よくわかっていない。のちに述べるように一八四九年にタブマンがジョンをおいて一人で逃亡し、二年後にジョンを北部に連れ出すために舞い戻った際には、彼はすでに他の女性と同棲していた。不実だったジョンに対しては、タブマンはその後ほとんど何も語らなかったし、親類縁者もジョンについて語る者はいなかった。

二人は結婚後しばらくの間、ピーターズ・ネックのハリスヴィル・ロードにあるベンの家の近くに住んでいたと思われるが、はっきりしたことはわからない。ふつうは、自由黒人と奴隷が結婚する場合、自由黒人は奴隷の連れ合いのところに住む。イースタンショアでは、自由黒人と奴隷の婚姻の場合、女性が自由黒人である場合のほうが多かったが、タブマンの場合は逆だった。その組合わせには大きな違いがあった。二人の間に生まれた子どもの身分は母親の身分を引き継ぐからである。もしハリエットが子どもを産めば、その子は、ブローダス家所有の奴隷となる。

なぜ、このような不利な結婚をジョンがあえて選んだのかについては、想像するしかない。ハリエットが逃亡した直後にジョンが別の女性と同棲していた事実は、なにがしかの打算があってハリエットと結婚した可能性を感じさせる。ハリエットの父親ベンはピーターズ・ネック近郊の有力な林業労働者であり、彼と親しくしておくことで仕事上の便宜を期待できると計算し、ハリエットと結婚したのではないか。あるいは、すでに解放されていたベンがハリエットの自由を買い取ってくれると期待したという説もある。ハリエットの自由を買い取ることについては、ジョンとハリエットがしきりと努力していた形跡がある。

「所有権」に係わる発見

ハリエット・タブマンは結婚するとすぐ、弁護士に五ドル（参考までに物価指数から計算してみると今日の約一一〇ドル）を支払って裁判所の書類を探してもらい、自分の母親リッツがどのような条件で相続されたのかを知ろうとした。自分が将来生む子どもたちの法的身分を確認したかったのだろう。はじめ、弁護士が五〇年前までさかのぼって調べたが、何も出てこなかった。タブマンがさらにもう少し昔の分まで調べてほしいと頼み、調べてもらうと、アトソウ・パティソンの一七九一年の遺言書が出てきた。それには、リッツを孫のメアリーに相続させ、リッツとその子どもがそれぞれ四五歳になったら解放させるべしと記してあった。その遺言書にきちんと従っていれば、リッツは一五年前に解放されていなければならず、また娘たちリナ、ソフィ、マリアは、『期限付き奴隷』なので、州外への売却が違法だったこともはっきりした。

この遺言書が裁判所から出てきたことは、その後のリッツの子どもたちの売却に関わる裁判に大きな影響を与えた。パティソンからリッツを相続した孫娘のメアリーの兄ゴーニーは、のちに詳しく触れるように、この遺言書を根拠に、メアリーが相続したのはリッツとその子どもたちの「使用権」に過ぎず、「所有権」は、自分たちパティソン家の兄弟にあると主張し、エドワードあるいはその妻エリザによるリッツの子どもたちの売却を一時差し止めるよう裁判所に申し出たのである。

ところで、黒人女性奴隷のタブマンが地元の白人弁護士に五ドルを支払って、裁判所でこのような記録を探すよう依頼し、最初は何も出てこなかったのに、さらに頼むと出てきたという事実に違和感を持った読者も多いのではないだろうか。タブマンが弁護士に支払うこの程度の金を持っていたことは、それほどありえないことではない。しかし当時、黒人でしかも女性奴隷の彼女が裁判に関わることは法的にできないことだったし、遺言書で彼女の地位が明らかになったとしても、奴隷だった彼女にはどうにもできなかった。そこから考えられることは、ブローダス家のやり方に不満を抱いていたトンプソン家の異母兄弟たちや、パティソン家の人々が、タブマンの兄弟・姉妹の売却を止めさせようとして、タブマンを使って弁護士に遺言書を調べさせた可能性があるということである。

ポプラー・ネックへの移住

タブマンが結婚して二年目の一八四六年末、ピーターズ・ネックの林業経営をスチュアート家に引き継ぎつつあったアンソニー・トンプソン二世は、ドーチェスター郡の北隣に位置する豊かな森林地域であるキャロライン郡ポプラー・ネック(7)（図12参照）を中心とした二一六七エーカーの林業用地を二・四万ドルの借金をして購入し、一八四七年、この地に製材会社を建設する計画に取り掛かった。トンプソン一家は、ピーターズ・ネックから北東約五〇キロにあるポプラー・ネックに、自分の奴隷や雇っていた自由黒人とその家族とともに移住を開始した。ベンは、ハリスヴィル・ロードの一〇エーカーの土地使用権をスチュアート家に引き渡し、家族とともにポプラー・ネックに移住した。タブマン夫妻も両親とともに引っ越した。

キャロライン郡には黒人奴隷は少なく、一八五〇年、全人口九六九二人のうち奴隷は七八九人（八パーセント）にすぎず、自由黒人二七九七人（二九パーセント）を合わせても黒人は、三五八六人（三七パーセント）だった。

売却差し止め命令

ポプラー・ネックへの移住の四カ月後、一八四七年四月には不景気が襲い、トンプソン二世の借金返済が困難になり、彼は、その危機を乗り越えようと自分の女性奴隷スーザンをひそかに売り出し、彼女は奴隷商人によって州外に売り飛ばされてしまった。スーザンはベン

---

(7) ポプラー・ネックは、ケンブリッジの北を流れているチョップタンク川をさかのぼっておよそ北二〇キロにある右岸の船着き場で、材木の積出港だった。そのそばにタブマンの両親の小屋があり、ここから多くの逃亡者が出発したことはのちに述べる。

とともに働いていた仲間だったので、その売却方法に憤慨したベンは、トンプソン二世を「羊の毛皮をかぶった狼」と呼ぶようになった。

一八四八年の暮れにタブマンは、金をためようと寒い中で必死に働き、過労で風邪をこじらせ、ベッドに伏せた。トンプソン二世は、働けなくなった彼女をブローダス家に返すことはせず、タブマンはポプラー・ネックで過ごしていた。エドワード・ブローダスは、病気のタブマンを持て余し、結婚して四年もたっているのにまだ子どもを産まない彼女に今後も期待できないと考え、タブマンを売りに出すことを考え始めていた。まず、義兄のトンプソン二世に買取りを持ちかけたが、借金に追われていた彼には金がなかった。その話はタブマンの耳にも入っていた。

タブマンがのちに語ったところによれば、彼女はエドワードを「回心」させるために真夜中まで祈り続けた。しかし、翌年一八四九年の三月にエドワードが、タブマンの兄弟を深南部に売りに出す交渉を始めたとの情報が入ってくると、彼女は、一転して今度は、エドワードへの「主の懲罰」を求めて祈り始めた。なんとその直後にエドワードは病に倒れ、数日後に四七歳の若さで亡くなってしまった。タブマンは、自分が「呪い殺す」力を持っているのではないかとさえ思った。

しかし、エドワードの死は、タブマンを含む兄弟・姉妹の売却の危険を一層高めた。エドワードは八人の子どもを遺し、そのうち五人は一八歳以下であり、エリザは借金で首が回らない状態だった。しかも彼女は近隣では評判の悪い貧しい白人であり、周りの白人たちはだれも彼女に援助の手を差し伸べなかった。

四月に入ると裁判所は、エリザに対して奴隷を除く財産すべてを売却するよう命じた。エリザは生き残るためになりふり構わず奴隷の売却に乗り出した。彼女は夫の遺言の共同執行人に指名されたジョン・ミルズに申し出て一〇〇〇ドルを都合してもらい借金返済に充てたが、それでは間に合わず、ミルズとともに、ドーチェスター郡孤児裁判所に出頭し、相続した奴隷の売却許可を申し出た。

まもなく孤児裁判所の許可が下り、彼らは、すでに売却されていたタブマンの姉リナの二人娘のうちの一人ハリエット（二〇歳）とその娘メアリー（二歳）の競売を七月一六日に裁判所で行うと、広告を出した。

ところが、この競売は実施できなくなった。アトソウ・パティソンの遺言の内容が改めて知られるようになると、エドワードの叔父にあたるゴーニー・パティソンが、遺言を根拠に裁判所に売却への異議を申し立てたのである。

その論理は次のようなものだった。

アトソウ・パティソンの遺言を詳細に検討してみると、エドワード・ブローダスが、母親メアリーから相続したのは、リッツとその子どもたちの四五歳までの「使用権」のみであり、四五歳以後のことは明示していない。それ故に、当然その後の「所有権」はパティソン家に属するると解釈されるべきである。リッツは解放されるはずの四五歳をはるかに過ぎて、いまや六四歳になっている。したがって、これまでの一九年間の貸し出し賃金はすべてパティソン家に返済されるべきものである。さらに違法に州外に売りに出されたマリアやリナ、ソフィの労働の対価も本来、パティソン家に支払われるべきである。

そして、ゴーニーはエドワードが所有していた奴隷の競売は、裁判係争中は停止されるべきだと主張し、競売は延期されることとなった。

八月六日に裁判所は、ゴーニー・パティソンの訴えを退けたが、ゴーニーは、後の連邦議会議員ジェイムズ・A・スチュアートを弁護人にたてて控訴し、裁判が続くことになった。しかし、エリザとミルズは八月二九日に今度はリナのもう一人の娘ケシアを「生涯奴隷」として競売するという広告を地元の新聞『ケンブリッジ・デモクラット』に出した。九月一〇日にはゴーニーが介入し競売はまた延期になった。一週間後の九月一七日、再びエリザたちは、ケシアとその子どもたちを四五歳までの「期限付き奴隷」として売却することを許可するよう裁判所に請願した。ゴーニーは、今度は、エドワード・ブローダスの財産は、本来妻のエリザに相続されるものではなく、エドワードとエリザの間にできた八人の子どもたちに相続されるべきものであり、エドワードが持っていた奴隷をエリザが勝手に処分することはできないと主張した。

森杲《たかし》の研究によると、イギリスからアメリカ植民地に移植された女性の財産権、妻の契約権、寡婦の権利に関する慣習法ついては、一般に北部では女性により厳しくなる傾向があったのに対し、南部では、イギリスの慣習法が残り、有産階級女性に対してより寛大だった。南部の奴隷制社会では、さまざまな状況に左右され、流動的で、ここで述べるような裁判で争われることが多かったようである。メアリーは再婚後、自分が相続した奴隷を夫アンソニー・トンプソンに譲渡することはなく、メアリーの死後、その奴隷は、息子エドワードに相続された。エドワードが死に寡婦となったエリザが、夫の財産に対する相続権をどの程度認められるのか、相続した奴隷に対する権利はどのようなものだったのか、誰の合意も得ずにエリザが処分することができるのかなどが争われたのである。

リナの二人の娘と孫たちの売却については、その後も係争が続くが、実はエリザたちが裁判所に奴隷売却許可の請願を出した九月一七日（月）の二日前、一五日に重大な事態が発生していた。ハリエット・タブマンと二人の弟ベンとヘンリーがポプラー・ネックの家から逃亡したのである。

5　タブマンの逃亡

タブマンたちは、一八四九年九月一五日（土）にリナの娘のハリエットとケシアがエリザに連れ出されたことを知り、次はタブマンを含む残されたリッツの子どもたちが売りに出されるだろうことを悟った。タブマンは、夫ジョンが止めるのを振り切って出発することを決意し、三人の兄弟（ロバート、ベン、ヘンリー）と相談したが、三人ともためらってなかなか決断できなかった。兄のロバートはまもなく結婚する予定で、婚約者マノキーは自分の妹が売られたばかりで動揺しており、一人残しておくことはできなかった。ベンには生まれたばかりの子どもがいた。

結局ベンとヘンリーがタブマンの誘いに応じ、彼らは父親が働いていたポプラー・ネックのトンプソンの製材所から東へおよそ六キロのプレストンに向かった。ここには黒人奴隷の逃亡に協力してくれる可能性があるクエーカー教徒の集落があった。以前からタブマンにはこの集落に何人かの知り合いがいた。

クエーカー教徒の協力

プレストンには一七〇〇年代の初めころからクエーカー教徒が入植しており、近くには、自由黒人の小さな集落があった。一八四九年にはクエーカー教徒たちが黒人に土地の一部を、教会と墓地のために譲渡してくれた。

クエーカー教徒のなかには一七〇〇年代半ばまでは奴隷を所有する者もいた。しかし、ニュージャージー州出身のクエーカー教伝道者ジョン・ウールマンは、南部を旅行し、奴隷制の状況をつぶさに見て回った結果、奴隷制は「キリスト教と両立できない」と確信するに至った。彼は、その結論を文章にして小冊子で発表した。そして、一七七〇年までにクエーカー教徒の多くの礼拝集会では、奴隷所有者の参加を断ることがきめられた。一七九〇年にはイースタンショアのクエーカー教徒は誰も奴隷を所有していなかった。すべてのクエーカー教徒が黒人奴隷の逃亡に協力したわけではなかったが、キャロライン郡は人口希薄だった上に奴隷の数は少なく、奴隷に同情的なクエーカー教徒に対する白人住民の敵意は、それほど激しくはなかった。

しかし、もちろんクエーカー教徒がいるからといって逃亡が必ず成功するというわけではなかった。タブマンたちが、クエーカー教徒の集落のあるプレストンに向けて月夜の道を歩き始めてまもなく、二人の弟は不安を口にし、もし捕まれば必ずや深南部に売られてしまうから、すぐ戻ってせめて地域内で売却してもらったほうがいいのではないかと言い出した。もはやタブマンも戻るほかなかった。

タブマンがのちに最初の伝記作家サラ・ブラッドフォードに語ったところによれば、タブマンらがポプラー・ネックに戻ってから二日後の月曜日（一七日）の晩に、近くの黒人仲間から、タブマンとその兄弟たちが「今晩」連れていかれると伝えられた。タブマンは「今こそがそのときだ」と考え二人の弟とは別に、今度はひとりで出発する決意を固めたという。

逃亡奴隷広告

エリザは、タブマンと二人の弟が逃亡したことに二週間後に気づき、地元の新聞『ケンブリッジ・デモクラット』に逃亡奴隷広告を出した。そこには次のように記してあった。

一七日月曜日、私のもとから三人の奴隷が逃亡しました。ハリー〔ヘンリーの誤り―著者〕、約一九歳、耳の下の首の片方にこぶがあり、肌は栗色、背丈は約五フィート八ないし九インチ。ベン、約二五歳、非常に早口でしゃべり、肌は栗色、背丈は約六フィート。ミンティー〔ハリエット・タブマンのこと―著者〕、約二七歳、肌は栗色、見かけの良い女性、背丈は約五フィート。これらの奴隷を州外で捕獲した場合には、一人当たり一〇〇ドル、州内で捕獲した場合には五〇ドルの懸賞金を支払います。その身柄は、メリーランド州のボルティモアかイーストン、ケンブリッジの留置所に収容してください。

エリザ・アン・ブローダス
メリーランド州ドーチェスター郡バックタウン近郊、一八四九年一〇月三日。

ちなみに、この広告は、二〇〇三年に地元の地方史家スーザン・メレディスによって偶然くずかごのなかから発見されたもので、タブマンと二人の兄弟に関する唯一残された逃亡奴隷広告である。スーザンは、ブローダス家がバックタウンに住んでいたころ近所に住んでいた、農民プリチェット・メレディスのひ孫の妻にあたり、メレディス家は現在、タブマンが分銅を投げつけられたバックタウン・ヴィレッジ商店を所有している。

しかし、エリザは、なぜ九月一七日から二週間もたってから（しかも弟二人は戻っていた

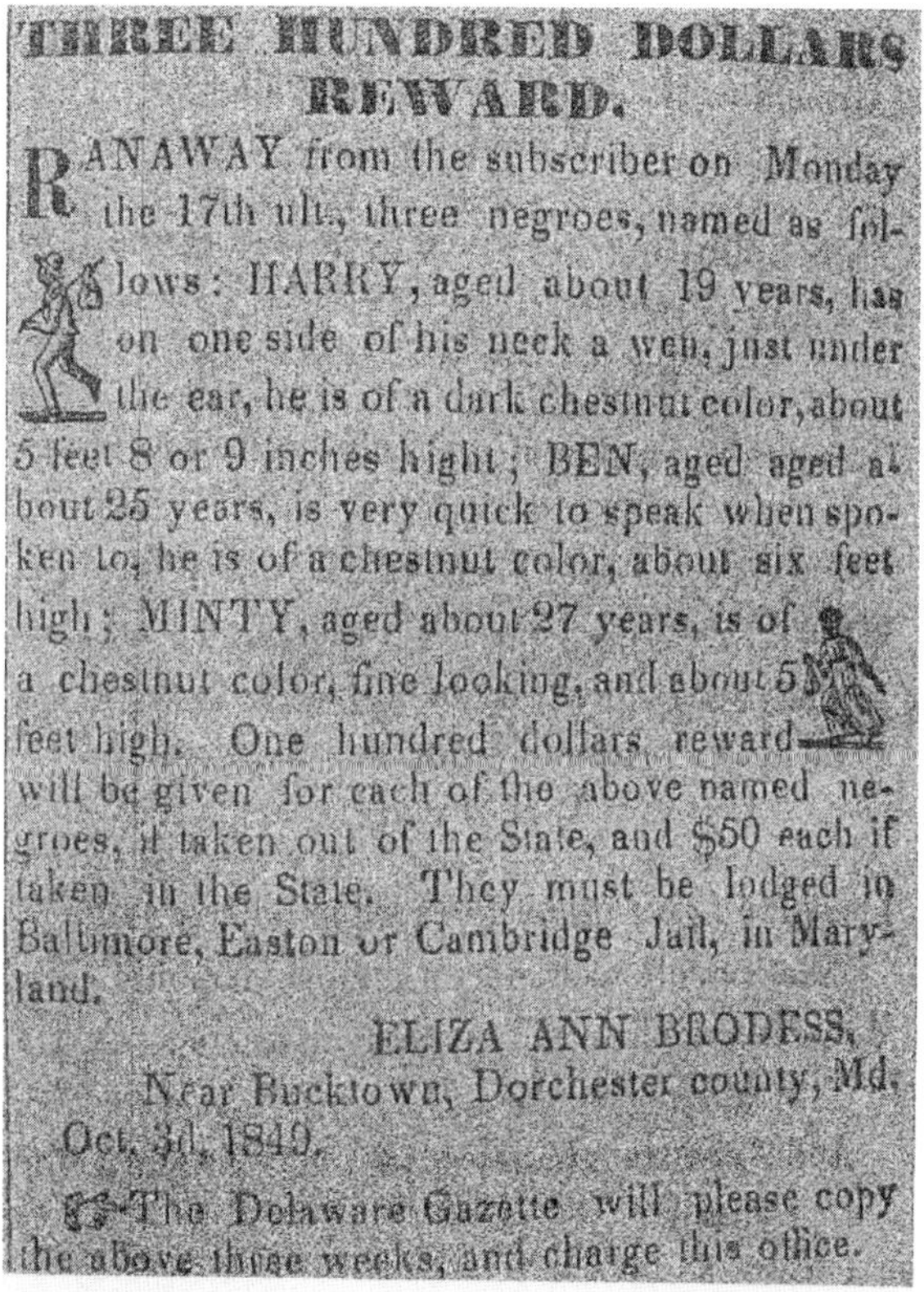

THREE HUNDRED DOLLARS REWARD.

RANAWAY from the subscriber on Monday the 17th ult., three negroes, named as follows: HARRY, aged about 19 years, has on one side of his neck a wen, just under the ear, he is of a dark chestnut color, about 5 feet 8 or 9 inches hight; BEN, aged aged about 25 years, is very quick to speak when spoken to, he is of a chestnut color, about six feet high; MINTY, aged about 27 years, is of a chestnut color, fine looking, and about 5 feet high. One hundred dollars reward will be given for each of the above named negroes, if taken out of the State, and $50 each if taken in the State. They must be lodged in Baltimore, Easton or Cambridge Jail, in Maryland.

ELIZA ANN BRODESS,
Near Bucktown, Dorchester county, Md.
Oct. 3d, 1849.

The Delaware Gazette will please copy the above three weeks, and charge this office.

Eliza Brodess's runaway advertisement for Minty [Harriet Tubman], and her brothers, Ben and Harry [Henry].

図 15 『ケンブリッジ・デモクラット』紙の逃亡奴隷広告

のに）、この広告を出したのだろうか。たしかに逃亡した三人はエリザの住んでいたバックタウンから三五キロも離れたポプラー・ネックのトンプソンに貸し出されており、日常的に監視できなかっただけでなく、トンプソン二世は義理の「恩知らずの」弟エドワードの妻エリザと良い関係にはなかったので、彼らの逃亡を伝えようとしなかった可能性は大いにある。それゆえエリザが彼らの逃亡の詳細をなかなかつかめなかったことは理解できる。三人が逃亡したのは土曜日の晩だったとタブマンは言っており、「一七日（月）に三人が逃亡した」というのはおそらく間違いだろうが、それは誤差の範囲である。もとより、このような状況の下で正確に彼らの逃亡の日にちがわかるとは思われない。

よくあるように、黒人たちはしばらく森や沼地に姿を隠してやがて戻ってくるとエリザたちが考えたのかもしれない。

北部自由州への逃亡

それはさておき、肝心のタブマンが実際に北部自由州への逃亡の旅に出た日にちははっきりしない。九月一七日の晩だったという説と一〇月三日の数日前とする説がある。

タブマンはプレストンに出かけ、クエーカー教徒のハナ・レヴァートンから逃亡する際の最初の安全な場所への道を教わり、そこで示すことになっている次に世話になる家の名前を書いた紙をもらった。タブマンは文字が読めなかったが、最初の安全な場所でその紙を見せると次の場所に案内してくれることになっていた。彼女はお礼に自分が縫ったベッド・カバー用キルトをハナ・レヴァートンに贈った。

すでにこの地域には逃亡奴隷支援の「地下鉄道運動組織」の萌芽が成立していた。ちなみにハナ・レヴァートンの娘メアリーは、タブマンの雇い主アンソニー・トンプソン二世の息子と結婚することになっていた。

また、タブマンは、逃亡に出発する前に、もっとも信頼していた兄ロバートの婚約者メアリー・マノキーに自分の逃亡の決意を伝えに行った。彼女が働いていたトンプソンの屋敷に出かけ大声をあげてふざけあい、周りを安心させて自分の決意をそれとなく伝えた。その帰り、タブマンは馬に乗ってやってきたアンソニー・トンプソン二世とすれ違ったが、彼女は大きな声で賛美歌を歌いながらいつものように楽しげに通り過ぎた。

♪朝になったらあなたにお会いしましょう。
私は「約束の地」に向かいます。
ヨルダン川の向こうへ。
「約束の地へ」♪

トンプソン二世は、のちに「心地よい平和な時が過ぎていった」とこのときのことを語ったという。タブマンはいよいよ出ていくのだなと感じていたかもしれないが、何も言わずに行ってしまった。

タブマンが逃亡の旅に出る決意をしてから出発までの間に、このようにハナ・レヴァートンと接触したり、メアリー・マノキーに会いに行ったりするなどそれなりの準備が必要だった。したがって九月一七日月曜日の夜に自分たちが売りに出されるとの情報を得たとしても、ただちに出発したと考えるのは無理がある。だからといって、逃亡奴隷広告が出た一〇月三日を待つ必要もなかったと思われる。

月夜のもとタブマンは靴を履いて出発したのか、それとも裸足[8]で出発したのかはわからない。プレストンまでマーシュ・クリーク川に沿って進んだ。ポプラー・ネックから最初の自由州ペンシルヴァニアの州境まで一六〇キロの道のりの第一歩だった。ペンシルヴァニア州以北の州では、独立革命以後、奴隷の子どもを一定年齢に達した後に解放する奴隷制廃止州法が次々と制定され、一九世紀初頭には、ほぼ奴隷制が存在しない「自由州」になっていた。のちに述べるように一七八七年の北西部領地条例では、以後あらたに作られる西部のオハイオ川以北の州では、奴隷制は禁止されることが決められていた。

タブマンは、ハナ・レヴァートンから教わった道を頭で繰り返し、通常の道路ではなくチョップタンク川に沿って北東に向かって進んだ。彼女は、歩くときには常に杖を持っていた。ウサギの穴、丸太、木の根や、下水ダメ、仕掛けられた動物の罠にかからないように注意しなければならなかったからである。それはこれまで彼女が仕事場から家に帰る夜道でいつもしていたことだった。誰もこのような場所では夜道を杖なしには歩かなかった。昼間は森の中で大木の穴を探し隠れた。タブマンは、そこに棲む茶色のコウモリが蚊を食べてくれるので蚊に悩まされずにすむことを知っていた。そして、持ってきた乾燥したマスクラットの肉を食料にして元気を取り戻した。

彼女は夜明けまで歩きつづけ、最初の日にかなり先まで進んだ。次の日は朝から夕方まで眠り、それから最初の安全な場所への移動を開始した。そして翌朝、教えられた家のドアの前に立ち、ハナがくれた紙を差し出すと、その家の女主人はタブマンに箒《ほうき》を持って庭を掃除するように言った。南部の農村では、庭に草が生えていなくとも前庭の掃除をすることが多かった。あたりは起伏がなく、遠くから農家のまわりの様子が見えるので、外の人が彼女のことを雇われた者だと思うようにカモフラージュしたのだろう。夕方農場から帰ってきた夫が、ワゴンのなかに彼女を隠し、次の「駅」まで送ってくれた。

---

(8) 当時タブマンが裸足で戸外を歩いていたのかどうかは、よくわからない。当時の情景を描いた銅版画などに登場する黒人たちの足元に注目すると、子どもの大半、女性も多くが裸足で、成人男子のなかにも裸足で歩いている姿が多く見受けられる。大人の足の裏は長い間裸足で歩いていたので、分厚くなっていたが、子どもが、棘だらけのアメリカ楓の実などがたくさん転がっている道を長く歩くのは容易ではなかった。

その後もタブマンは、教えられた場所を一つ一つしっかりと覚えていった。彼女にとっては覚えるべきは州名や都市名ではなかった。「場所」を画像として記憶していた。緊張が神経を集中させ、記憶をたしかなものにした。逃亡者は先のことを何も知らずに自らを投げ出さねばならない。北斗七星と北極星のみを頼りにただひたすら先に進んだ。星が見えないときは、樹木の幹のこけの生えている側から北の方向を知って進んだ。彼女は、州というものがあること自体を知らなかった。

文字に頼ることができない非識字者のなかには、われわれの常識を超えた種類の記憶力を持っている人が多くいることは、筆者自身もこれまでの南部農村調査の経験を通して実感してきたことである。例えば、一九八〇年代のことだが、私がアラバマ州の農村地帯で、ある黒人老人に地図を示して、ある人の家への道を尋ねた際に、彼は「わしは地図をあまり読めないが、行き方を教えることはできる」と実にわかりやすく具体的にその風景を説明しながら教えてくれたのである。また、セオドア・ローゼンガーテンが編集した非識字黒人農民ネッド・コッブの生涯についての語り（『アメリカ南部に生きる』参照）においては、ネッドはなんと五〇〇名もの白人・黒人の名前やその性格、その相互の関係、さらに自分が飼っていたラバや馬、豚など家畜の気性までも含めて、細かく覚えていて、延々と語っている。

タブマンは、チョップタンク川を遡り、デラウェア州に入り活動的な奴隷制廃止主義者がいるキャムデンを通って、さらにウィルミントン近くまで行ったものと思われる。しかし、彼女は後々まで具体的なことは明かしていない。この地域にはたくさんの奴隷狩りが徘徊していた。湿地帯が少ないので、奴隷狩りがしやすかったのである。しかし、逃亡者を助ける気がある人たちは実情に詳しく、注意深く手を差し伸べてくれた。彼女はデラウェア州を無事に通過し、まもなくペンシルヴァニア州に入った。

ちなみにデラウェア州は、奴隷州と自由州を分ける「メイソン・ディクソン・ライン」と呼ばれる境界線の南に位置しており、奴隷州の北限だった。しかし、この州における一八四〇年当時の黒人奴隷人口は全人口の三パーセント程度であり、黒人人口の大半が南端部のサセックス郡に集中していた。ウィルミントンは、州の最北端にあり、この地域には事実上奴隷制は存在しておらず、ペンシルヴァニア州境までわずか一五キロの場所にあった。このウィルミントンには、裕福な事業家でクエーカー教徒の奴隷制廃止主義者トマス・ギャレットが、その邸宅に逃亡奴隷をかくまい、安全にペンシルヴァニア州フィラデルフィアの廃止主義者の拠点に送り出す活動を始めていた。

ペンシルヴァニアとの州境で、誰かが「その線を踏み越えれば、あんたはもう自由だ」と言った。この奴隷州と自由州の境界線は、航空写真を見ていただければよくわかるが、測量による線引きにすぎず、フェンスが設けられていたり、河川や山脈に沿って引かれたりしたものではない。ただ地面が続いているだけである。

しかし、タブマンにとっては、すべてが変わって見えた。彼女が出発前にトンプソン二世とすれ違った時に歌ったことが事実となった。彼女は「約束の地」に着いたのだ。

♪朝になったらあなたにお会いしましょう。
私は「約束の地」に向かいます。
ヨルダン川の向こうへ。
「約束の地へ」♪

一八六八年、彼女はサラ・ブラッドフォードに「私は天国にいた」と語った。「しかし、私を迎え入れてくれる人は誰もいなかった。私は別天地の異邦人だった。誰も話をする人がいなかった。えらく遠いところに来てしまった」と感じたという。誰も仲間がいない。家族がいない。彼女は「二五年も監獄にいた人物が家に帰ってみると、誰もそこにはいなくなっていたのと同じような状況だった」と話している。

合衆国の法律では、彼女は依然としてエリザ・ブローダスの奴隷だった。しかも、一八五〇年には逃亡奴隷法が成立したため、北部自由州にいても奴隷として捕獲されメリーランド州に連れ戻される危険性が高まっていた。彼女は、家族や関係者が自由になるまでは自分は自由ではないと一層強く考えるようになった。「主の導き」に従って北部を自分の故郷にした限りは、そこに家族を呼び寄せてみんなの故郷にせねばならないと新たな決意を固めた。

こうして、彼女は、黒人奴隷の逃亡を助ける「黒いモーゼ」と呼ばれる歴史的人物になる道に飛び出していった。

6　家族の分断こそ奴隷制の最悪の罪悪

これまでは、タブマンの逃亡までの生活と労働について述べてきたが、彼女は、奴隷制の矛盾を巧みにかいくぐって自ら逃亡しただけでなく、第二章で述べるように多数の奴隷を逃亡させる意思と能力を身につけた人物として、まもなく活動の場をイースタンショアからアメリカ北部やカナダにまで広げ、「黒いモーゼ」と呼ばれるようになった。

そのタブマンを知的にも肉体的にも鍛えたのは、なによりも、森と沼地での木材の伐採と運搬の共同労働の経験だったが、彼女の逃亡の決意とその後の家族や黒人仲間の逃亡支援活動を支えた情念は、売却による家族分断に対する悲しみと、家族や黒人コミュニティーをもう一度取り戻したいという願望によってかき立てられたものだった。

彼女にとっての「自由」とは、なによりもまず、「売却されて家族から切り離されることのない状態」であり、「分断された家族の再結合」だった。当時、黒人指導者のなかにも「アフリカへの植民」を主張する者があらわれたことに対して、タブマンは即座に反対を表明した。彼女にとっての「故郷」は、アフリカではなく、家族を育んだアメリカの黒人共同体だった。この共同体のなかにこそ彼女の目指す「自由」があったのである。彼女は、故郷のメリーランドが「束縛の地」なので、北部に家族を集めてそこを「故郷にする」しかないのだと語っている。

女性史家キャサリン・クリントンは、「厳しい強制労働もたしかに重要だが、それ以上にアメリカの黒人奴隷制をもっとも的確に表現する象徴は、奴隷の競売台である。奴隷たちは、自分の売却だけでなく家族の売却によって家族と切り離されることをなによりも恐れていた」と述べ、逃亡奴隷ルイス・ヘイデンの言葉「母親、子ども、親類の死なら、その人の記憶はそこで終わるが、行方不明ではいつまでたってもその人に対する記憶は終わらない」を引用してその残酷さを表現している。

また黒人女性歴史家ヘザー・アンドレア・ウィリアムズは、これまでの奴隷制研究の多くが、統治システムあるいは経済搾取システムの分析という構造論的研究に終わっていたことを批判し、奴隷女性を中心とする奴隷たち自身の悲しみや喜びを内在的に分析し、黒人家族の分断こそが黒人奴隷制のもっとも本質的な罪悪だったと結論づけている。家族の分断に抗い、その再結合を求める黒人たちの必死の努力にこそ、黒人奴隷制に対する抵抗の核心を見出すことができるというのである。彼女は、アメリカの奴隷制反対の世論形成に大きな影響を与えた『アンクル・トムの小屋』の作者ハリエット・ビーチャー・ストウが唱えた奴隷制批判の核心は、売却によって奴隷家族が離散させられることだったと指摘している。

第二章　地下鉄道運動の担い手となる（一八五〇―一八六一年）

一八四九年の秋にイースタンショアの小宇宙から広い世界に飛び出したハリエット・タブマンは、南北戦争（一八六一―一八六五年）の終結によって黒人奴隷制が打破されるまで、アメリカの奴隷制に抵抗する命がけの活動の現場に立ち続けた。彼女は、自身の逃亡の直後から南北戦争が始まるまで、何度も故郷のメリーランド州イースタンショアに舞い戻り、「地下鉄道」と呼ばれる支援運動によって家族や仲間の逃亡を助けた。そして、その経験を北部の奴隷制廃止運動家たちに報告し、アメリカにおける反奴隷制の世論を鼓舞し続けた。それればかりではなく、彼女は、イースタンショアから逃亡してきた黒人たちのアメリカ北部やカナダでの生活を守り、コミュニティーを維持・発展させる活動にも取り組んだ。

1　奴隷制をめぐる南北の攻防

ちょうどタブマンが逃亡したころ、アメリカでは奴隷制をめぐる攻防が一層激しくなっており、まもなく一八五〇年逃亡奴隷法が成立し、奴隷主勢力によるむき出しの連邦政府支配が強まった。ここで、少々タブマン個人から離れて、広くアメリカにおける黒人奴隷制をめぐる攻防に目を移してみよう。

一七九三年の逃亡奴隷法

アメリカは独立に際し、イギリスを含む西欧諸列強によるパリ講和会議でミシシッピ川以東の「領有」を「国際的」に認められた[1]が、そこには独立一三州の西側の広大な地域が含まれていた。独立に当たってアメリカでは、それぞれ合衆国を構成する州が、平等にアメリカに参加し、各州の力を均衡させる共和国となるような工夫がなされた。

一七八七年の連合会議では、北西部領地条例によって、第一に、現在ある州の領土は拡大せず、それ以西の領土に同程度の大きさで新しい州を組織する手順を規定し、第二に、南北各州の対立を均衡させるために、アメリカを東西に流れ南北に分けていたオハイオ川の北に新たに編成される州では、奴隷制を認めないことを決め、南北同数になるよう順番に州への昇格を認めることが決められた。こうして、アメリカはひとつの国家として奴隷労働制と自由労働制を共存させつつ西部に膨張していく道を取ることが合意された。

自由制度と奴隷制度の共存とはいえ、憲法には、奴隷制が明記されていた[2]。とくにその第四条第二節では「ある州の州法で労働に従う義務がある者が、他の州に逃亡した場合、その州はその権利を保持している所有者の要求に応じてその逃亡者を引き渡されねばならない」と規定していた。

この憲法にもとづいて一七九三年には逃亡奴隷法が成立し、連邦判事または州判事は、逃亡者とされる者の処遇をその地域の住民による陪審裁判なしで決定できる権限を与えられた。この法律に基づけば、ハリエット・タブマンは、自由州に逃亡してもそこで捕獲されれば、メリーランド州の奴隷主に引き渡されるはずだった。

しかし、アメリカでは、市民的自由を保障する制度として、市民権をもつ地域住民の参加に基づく陪審裁判が定着しており、陪審裁判なしにその州の住民を拘束することに対する市民の抵抗はとくに北部諸州で強く、「逃亡奴隷」とされた者の引き渡しに関し、陪審裁判を

（1） 英・仏・ロシア・スペインなどの列強に干渉されることなく、その地域に住む先住民諸部族とアメリカ合衆国が独占的に領土や通商などの交渉ができるという意味で、「領有」が「国際的に」認められた。

（2） 憲法第一条第二節にはまず「下院議員及び直接税は、連邦に加入する各州の人口に比例して各州に配分される。各州の人口とは、年季契約奉公人を含む自由人の総数を取り、課税されないインディアンを除外し、それに自由人以外のすべての人数の五分の三を加えたものとする」と明記され、「自由人以外」の存在が書きこまれている。「インディアンを除いた自由人以外」とは黒人奴隷に他ならず、この条項によって合衆国では黒人奴隷制が憲法によって承認されたのである。

義務付ける州法や、「逃亡奴隷」とされた者に弁護士をつけることを規定した州法も成立した。地元の陪審裁判にかければ、住民たちは、捕獲された黒人を「逃亡奴隷」と認定せず、釈放してしまった。一八四〇年代には、この逃亡奴隷法はあくまでも連邦法であり、州の警察当局がこれを執行すること、および逃亡奴隷を州刑務所に収監することは、「権限外の違法行為」であるとして、これを禁止する州もあらわれた(3)。

もちろん、自由州のなかにも南部の産物の輸送・販売に関係する者がおり、奴隷制を支持する住民も多く、地域によっては、地方警察が逃亡奴隷の捕獲に積極的に取り組んでいた。しかし、多くの地域では、連邦保安官による黒人住民の捕獲は、住民自治を保証している地方自治体の警察権に対する連邦権力の介入だとして、これを拒否する世論が強かった。それは北部諸州にいる黒人を捕獲して南部に売り飛ばす逃亡奴隷捕獲人による「誘拐」(4)行為に対する抵抗という形であらわれた。北部自由州では、南部の逃亡奴隷捕獲人が特定の黒人を捕まえても、その黒人を「逃亡奴隷」だと簡単には証明できなかった。そのため、逃亡奴隷捕獲人は、地元の警察に届けずひそかに「誘拐」して、その黒人を南部に連行しようとしたのである。当然北部にいた黒人たちは白人市民の協力も得て、実力行使を含むさまざまな形でこれに抵抗した。その結果一七九三年の逃亡奴隷法は、北部自由州では必ずしも機能しなかった。

奴隷制廃止運動の広がり

北部に逃亡奴隷法が十分に機能しない「自由な」地域が存在することは多くの奴隷たちに希望を与え、黒人奴隷の北部への逃亡が続いた。奴隷制打破の歴史研究の第一人者のエーリック・フォナーは、「南北戦争以前にどれだけの奴隷が逃亡に成功したのかはわからない。奴隷制廃止主義者も奴隷主も、その数を過大に見積もりたがる傾向がある」としたうえで、二〇〇六年に出版されたJ・ブレイン・ハドソンの『地下鉄道百科事典』では、一八三〇―六〇年の間に年間一〇〇〇―五〇〇〇人、合計一三万五〇〇〇人の奴隷が逃亡したと推定されていることを紹介している。そして「この数は、奴隷人口全体[5]には影響を与えなかったが、南北間の奴隷制をめぐる対立を激化させる原因になるには十分な数であるし、奴隷主にとってはかなりの経済的打撃になっていたことはたしかだろう」と書いている。

逃亡奴隷は、メリーランド州、ヴァージニア州、ケンタッキー州など上南部諸州出身者が

（3）　マサチューセッツ州（一八四三年）、バーモント州（一八四三年）、ペンシルヴァニア州（一八四七年）およびロード・アイランド州（一八四八年）。

（4）　二〇一四年に日本でも公開された映画『それでも夜は明ける』は、実際に一八四一年にワシントンDCで「誘拐」され、一二年間奴隷として暮らした自由黒人ソロモン・ノーザップの一八五三年の自伝に基づいて作られた作品である。

（5）　一八六〇年のアメリカ全体の奴隷人口は、三九五万人だった。

圧倒的に多く、逃亡奴隷の多くが逃げ込んだカナダの一八六一年の人口調査では黒人人口のうち、この三州出身の黒人が、南部出身黒人の八〇パーセントを占めていた。深南部では奴隷がニューオーリンズなどの港湾都市に紛れ込んだり、先住民が支配する地域あるいは、すでに奴隷制が廃止されていた英領カリブ海域植民地のバハマなどに逃げ込んだりした。一八一九年にフロリダがスペインからアメリカに割譲される以前には、フロリダに逃げ込んで、アメリカ軍の侵入を阻止するための屯田兵（武器と土地を与えられた農民）として先住民やスペインに保護された黒人奴隷が少なくなかった。

逃亡には徒歩での移動はもちろん馬車や鉄道、船舶も用いられた。当時、捕鯨船が大西洋の各港を出入りしており、それにのって逃亡する奴隷もいた。捕鯨業の担い手にはクエーカー教徒が多く、そのなかには奴隷制に批判的なものが多数おり、奴隷を船員として受け入れたり、逃亡を助けたりする事例も多かった。当時のアメリカの基幹産業のひとつだった捕鯨業は、恒常的に労働力不足で、少なくない船員が、厳しい労働に耐えられず各地で脱走事件を起こしたが、そのような労働事情は、黒人奴隷が捕鯨船に乗り込む機会を広げた[6]。

逃亡は、奴隷自身の強い決意と工夫がなければ不可能だったが、多くの場合、自由黒人や白人奴隷制廃止主義者の協力を得ていた。独立革命戦争（一七七六―一七八三年）直後から奴隷制に反対する運動は、クエーカー教徒やメソディスト教会の一部で見られた。とくに一八三〇年代以降、宗教的大覚醒運動の興隆と相呼応して、奴隷制の即時廃止を求める奴隷制廃止運動が発展した。当時イギリス議会でも奴隷制廃止論が強まり、カリブ海域での奴隷反乱の頻発、作物の過剰生産による奴隷価格の低迷を受けて、大英帝国内の奴隷の政府買い取り(7)による漸次的奴隷制廃止が一八三四年から始まった。これにアメリカの奴隷制廃止運動家たちは大いに励まされた。

アメリカでは奴隷制の漸次有償廃止ではなく、「即時無償廃止」が運動の共通のスローガンとなり、その中心的論拠は、旧約聖書の「モーゼの十戒」のなかの第一の教え「神は、自

---

(6) 難破して鳥島に取り残されていた中浜万次郎(ジョン・マン)が捕鯨船のウィリアム・ヘンリー・ウィットフィールド船長に救われて連れていかれたマサチューセッツ州ニューベッドフォードは、捕鯨産業の拠点であり、同時に地下鉄道運動の拠点でもあった。一九世紀初頭、アメリカの船舶輸送は活発化し、毎年約一〇万人を雇用していた。黒人はそのうち五分の一を占め、大西洋各地の港では、大西洋岸各地出身の黒人船員は目立った存在だった。一般に、船員の労働条件は劣悪で、募集が困難だったので波止場で労働者が誘拐され乗船させられることも多かった。しかし、船舶は、黒人にとってはわずかに開かれた雇用先だった。このような状況は、捕鯨船が時としては、「奴隷密輸船」に早変わりする可能性を意味していた。捕鯨船の船長が、寄港先で奴隷を下船させ、奴隷商人に売却することがあったのである。少し時代は遡るが、大西洋で「海賊」が活躍していた時代に、奴隷・自由人を問わず多くの黒人が「海賊」として活躍していた。(巻末の主要参考文献6参照)。

(7) イギリス植民地での奴隷価格が低迷していた当時、奴隷主の多くは、税金で奴隷を一定価格以上で買い取ってもらう形での暫時的な奴隷解放を受け入れた。

分以外の絶対者を持つことを許さない」に求められた。奴隷主は神に代わって奴隷の絶対者になっており、それは神の教えに反しているからである。奴隷制廃止運動家たちは、いかに奴隷制を打破するかをめぐって議論しあい、奴隷制の実態を訴え、世論を喚起する活動に取り組んだ。

その活動と並行して、自分たちの町から自由黒人や逃亡奴隷が、南部の逃亡奴隷捕獲人によって南部に強制連行、すなわち誘拐されることを実力で阻止する「自警委員会」の運動が始まった。各都市の「自警委員会」は、お互いに連絡を取り合って、逃亡奴隷をかくまったり、移送したりするようになり、これがのちに「地下鉄道運動」と呼ばれる組織的な逃亡奴隷支援運動となった。

地下鉄道運動の展開

「地下鉄道《アンダーグラウンド・レイルロード》」(Underground Railroad) という言葉が最初に活字になったのは、ワシントンDCの新聞が、捕獲されたある逃亡奴隷が「ボストンまで全部地下を通る鉄道で逃げたかった」と告白したのを一八三九年に引用した時である。「地下鉄道」という言葉は、フレデリック・ダグラスが北部に逃亡した一八三八年には使われていなかった。しかし、これはあくまでも活字として登場した言葉の話であって、「地下鉄道」という言葉の起源については、別の説もある。それによれば、一八三一年ケンタッキーの逃亡奴隷タイス・デイヴィッドがオハイオ川の直前で奴隷狩りに追いつかれ、川に飛び込んで向こう岸に這い上がって消えた。そのとき、追手が「地下道があったようだ」と言ったことが、「地下鉄道」の名の由来だとされている。

南部の黒人奴隷を北部自由州に逃がす奴隷制廃止運動家たちの運動は、このようにして「地下鉄道運動」と呼ばれるようになったが、それは、当時アメリカで陸上の鉄道が続々と建設され、「鉄道《レイルロード》」という言葉が一般に使われるようになっていたことを反映していた。いうまでもなく、当時はまだアメリカにも地下鉄は存在していなかった。

この「地下鉄道運動」は、各地の運動家の自発的な協力ネットワークであり、上意下達の命令系統をもつ中央集権的な運動団体ではなかった。その担い手の多くは各都市の自由黒人であり、これに資産家や教会関係者などを含む白人奴隷制廃止主義者が資金や場所、政治的影響力を提供して支援していた。

ファーガス・M・ボードゥウィッチは、従来の地下鉄道運動の研究が、記録を多く残した白人奴隷制廃止主義者の活動に偏りがちだったことを批判し、黒人の活動をも積極的に掘り起こして、大著『カナーンの地を目指して――地下鉄道とアメリカ最初の公民権運動の叙事詩的物語』(二〇〇五年)を著した。この著書は、今日までの地下鉄道運動に関するもっとも包括的な研究である。ちなみに、彼は、奴隷の逃亡支援活動には地下鉄道運動とは異なった種類の活動があったことも紹介している。金を目当てに逃亡を斡旋したり、偽造通行証を発行したりする人々の活動である。船長のなかには、南部の港で役人を買収し、奴隷を乗船させ、奴隷に一人当たり二五ドルと船賃を支払わせて、北部の港で下船させた者もいた。陸上での逃亡斡旋人を含め、奴隷の逃亡斡旋業者がどの程度の数の奴隷を「解放」したのかは、少なくとも今日まではほとんどわかっていない。

なお、奴隷制廃止運動内部には、運動方針をめぐる厳しい対立があり、相互が派閥争いを繰り広げていたが、地下鉄道運動家は、奴隷制廃止運動の両派閥を取り結ぶ接着剤の役割を果たしたとエーリック・フォナーは書いている。奴隷制廃止運動各派の主な争点は、①女性を運動の指導層のなかに受け入れるべきかどうか、②合衆国憲法は奴隷制を認めている（九七頁注2参照）がゆえに破棄されるべきか否か、③キリスト教会をどのように評価するかなどだった。(8)

奴隷制廃止運動と地下鉄道運動は、廃止運動がアメリカ世論を導きながら教育・宣伝・資金活動を担い、その支援を受けた地下鉄道運動が、実際に奴隷の逃亡を助けて南部奴隷制に直接的脅威を与え、その経験を北部の人々の前で語り、奴隷制問題を全国政治の主要な争点に押し上げる役割を担うという関係にあった。

一八五〇年の逃亡奴隷法

アメリカの南部と北部は、建国当初、相互依存的な関係にあった。南部の綿花は多額の外貨をもたらし、北東部の銀行業を活性化させて西部開拓の資金となった。そして西部の農業は、ミシシッピ川を利用して、農産物を輸送し、南部にも食糧を供給していた。

しかし、まもなく南北の対立的側面が目立つようになった。一八二五年の五大湖とハドソン川を結ぶエリー運河の開通は、鉄道・運河など輸送手段の発展を象徴する出来事だった。

図16　ウィリアム・ロイド・ギャリソン

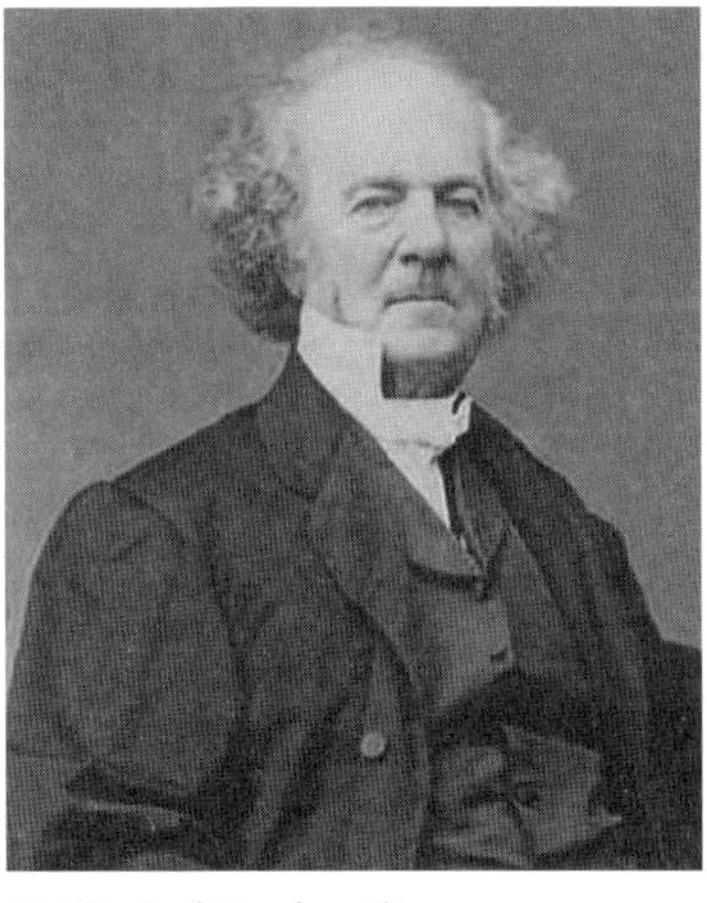
図17　ルイス・タッパン

（8）　当時奴隷制廃止運動には二つの相対立する組織があり、ウィリアム・ロイド・ギャリソンはその一方の指導者で、もうひとつは、ルイス・タッパンが率いる組織だった。そのもっとも大きな対立点は、タッパンが運動組織で女性の指導的地位を認めなかったのに対し、ギャリソンは、それを受け入れた点だった。ただし、タブマンは両派の対立から距離をおくことが多かった。

北西部の農民は、輸送路の拡充によって、遠方の市場をあてにした商業的農業に取り組み、多数の馬を用いる大型耕作機や刈取り機を使って生産を飛躍的に拡大させた。東部と西部を結ぶ鉄道が数多く建設され、これまで南部を通じて蒸気船で農産物を東部やヨーロッパに輸送してきた北西部農民は、鉄道によって東部市場との結びつきを強めた。東部と五大湖付近では、産業革命が進み、移民を受け入れ、北西部の農産物市場は拡大した。西部の白人農民は黒人奴隷との競争にさらされることを恐れ、これ以上の黒人奴隷制の西部への拡大に反対した。東部の産業資本は連邦政府から公有地の払い下げを受けて、鉄道や運河の建設を進め、国内産業を保護する高関税政策を望むようになった。

南部では、一八三〇年代に入り綿作奴隷制プランテーション農業が爆発的に発展し、一八五〇年代には世界の綿花輸出の四分の三を占めるまでになっていた。しかし綿花栽培には克服しがたい弱点があった。単一商品作物栽培プランテーション農業は、市場の動向に柔軟に対応することが困難でひたすらその作物の生産を拡大するほかはなく、しかもその土壌略奪的農業は枯渇した農地を背後に残して、常に移動し続けねばならなかった。南部プランテーション農業を維持するためには、テキサスも含む南西部への黒人奴隷制の一層の拡大が必要だったのだ。彼らは税金を使っての鉄道や運河の建設など国内開発には消極的で、安価な輸入品の確保と、制限のない農産物輸出を保証する自由貿易政策を主張した。

西部への無制限の膨張を求める奴隷制プランテーション農業の利害を代弁する南部の支配

的政治集団は、ついにテキサスの併合を求めメキシコ戦争（一八四六―四八年）を引き起こし、その結果、アメリカは、テキサスからカリフォルニアまでをメキシコから奪ってアメリカ領に編入することに成功した。しかし、この広大な領土で、新たに編成される州に奴隷制を認めるか否かをめぐって、奴隷州と自由州の対立が激化した。

そしてこの旧メキシコ領の奴隷制の取り扱いをめぐる南北の対立を妥協させるとの名目の下に、「一八五〇年の妥協」案が提案された。それは「テキサスを奴隷州と認める代わりにカリフォルニアを自由州として認めて自由州と奴隷州の均衡をはかり、テキサスとカリフォルニアの間の領地については、奴隷制の扱いを当面保留し、その代わりワシントンＤＣでの奴隷売買を禁止し、一七九三年の逃亡奴隷法を実効あるものに強化する」というものだった。初めの四項目はほぼ既成事実を認めただけであり、最後の逃亡奴隷法の改定強化こそが、ここでの決定的に重要な争点だった。

この頃、奴隷制廃止運動が成長し、地下鉄道運動に依拠してますます多くの奴隷が南部から逃亡するようになっており、一七九三年逃亡奴隷法が実質的に機能していないことに対する奴隷主のいら立ちが募っていた。

一八五〇年二月に始まった議会でこれらの全項目を一括したオムニバス法案「一八五〇年の妥協案」が提案されたが、激しい議論の末七月には上院で否決された。当時の大統領ザッカリー・テイラーは、自ら奴隷を所有するヴァージニア州出身の奴隷主でありながら、逃亡奴隷法の強化にはあくまでも反対の立場だった。しかし、そのテイラーが七月中旬に発病・急死し[9]、逃亡奴隷法を支持するミラード・フィルモア副大統領が大統領に昇格、ただちにオムニバス法案を別々に切り離した法案が提案され、一八五〇年の逃亡奴隷法は、九月一八日に議会を通過し、大統領の署名を得て成立した。

この法律は、逃亡奴隷の捕獲・所有者への引き渡しに関して連邦保安官の絶対的権限を認めた。具体的には、地域住民による陪審裁判を否定し、奴隷の人相書きを最終的な証拠として認めた。そして奴隷を所有者のもとに送り返せば一〇ドル、所有者の意思に反する判断を下した場合は五ドルの手数料を連邦保安官に支払うことを規定し、保安官が逃亡奴隷引き渡しに積極的になるよう金銭的な誘導も行った。また、連邦保安官には、各地域の政府役人に応援を求め強制する権限を与え、職務を忠実に実行しなかった地方役人に対する懲罰も規定した。さらに逃亡を助けた者も犯罪者として裁くことが認められた。また、逃亡奴隷を所有者のもとに送り返す際の費用は、連邦政府が支払うことになった。

この法律は、逃亡奴隷の捕獲・送り返しに関しては、北部諸州の「州権」を否定し、連邦権力による直接的住民支配を認めるものであり、北部諸州のなかでは、これに反発して合衆国からの「離脱」を求める声すら上がった。しかし、従来、連邦権力に対する各州の「州権」を主張してきた南部奴隷主の積極的支持によって成立した。

奴隷捕獲人との実力対決

この一八五〇年逃亡奴隷法の成立を待って、奴隷主の多くが、北部に逃げた奴隷を取り戻すために一斉に行動を開始した。そのため、各地で逃亡奴隷の捕獲と連邦保安官による南部への送り返し事件が続発した。

連邦政府のお墨付きをもらった奴隷主が、わがもの顔で北部の自分たちの町で奴隷狩りをするのを、奴隷制廃止主義者たちは黙って見ているわけにはいかなかった。まさに「自警委員会」の力が試されるときがきたのである。それまで絶対的非暴力主義を貫いてきた奴隷制廃止主義者のグループも、自警委員会が一八五〇年逃亡奴隷法に抗して実力で「誘拐阻止」行動に出ることを容認するようになった。地下鉄道運動家たちは、運動を弾圧から守るためにその記録を抹消したり、見つからないような場所に移したり、仲間同士で秘密を守ることを約束しあったりした。

各地で衝突が起こった。最初の衝突事件はボストンでの逃亡奴隷クラフト夫妻の救出事件だった。ジョージア州メイコンの奴隷夫妻エレン・クラフトとウィリアム・クラフトは、一八四八年一二月、公然と鉄道や蒸気船を乗り継いでボストンまで来ていた。妻エレンは、黒

（9）長いこと「暗殺説」がくすぶっていたが、今日では、その可能性は少ないことが「科学的に」証明されているという。

人の血が四分の一しか流れていない白人と区別がつかない混血女性で、彼女は、プランター（農場主）のように男装し、夫ウィリアムを召使として従え、怪しまれずに逃げてきた。その大胆な振舞いで有名になり、奴隷制廃止主義者たちは、彼らに南部奴隷制の実情を知らせる講演をしてもらっていた。ところが、逃亡奴隷法が成立した直後の一八五〇年一〇月、クラフト夫妻を追ってジョージア州から奴隷捕獲人が到着したのである。このとき、ボストン市民は「人狩りがこの町に来ている」とのポスターを各所に掲示し、彼らを実力で撃退して、クラフト夫妻をイギリスに向かう船に乗せて逃がした。

さらに一八五一年初頭には、この町で捕まった逃亡奴隷のシャドラックをボストン市民が裁判所に乱入して奪還し、カナダに逃がした。実力行使した四人の白人と四人の黒人が告発されたが、地元の陪審員は彼らに無罪評決をくだした。また、この年の九月にペンシルヴァニア州の小さな町クリスティアーナでは、連邦保安官と奴隷狩りの一行が、逃亡奴隷を含む二五人の黒人と数人の白人の武装部隊に遭遇し、一行のうちの奴隷主が殺され、二人の逃亡奴隷はカナダに逃げた。この事件に関連して連邦政府は、現地に軍隊を派遣して三六人の黒人と五人の白人を逮捕したが、地元の陪審員裁判で彼らも無罪となった。一八五〇年逃亡奴隷法に該当する罪状がなく、一般刑法犯罪として裁かれたからである。

しかし抵抗が成功しなかった事例もあった。一八五四年ボストンに逃亡していたアンソニー・バーンズが捕えられた時、奴隷制廃止主義者が警察を襲撃し、保安官一人が死亡した。

図18　自警委員会と奴隷との衝突

しかし、最終的には、連邦軍の護衛のもと、バーンズはボストン市民が教会の鐘を打ち鳴らして抗議するなかをジョージア州に向かう船に乗せられた。

このような騒動によって、これまで南部奴隷制を遠いところの出来事と考えていた多くの北部の白人大衆は、初めて真剣に奴隷制について考え始めた。一八五一年に出版されたハリエット・ビーチャー・ストウの小説『アンクル・トムの小屋』は、ベストセラーとなり、アメリカ南部黒人奴隷制の非キリスト教的・反人道的性格を広く白人社会に知らせ、世論を変える大きな力となった。

一八五〇年逃亡奴隷法の成立は、政治的には、奴隷制支持勢力の勝利を意味したかに見えたが、現実には、連邦政府にはその法律を全国的に執行するのに十分な数の連邦保安官がおらず、それに必要な予算を確保できなかった。そのため、むしろこの法律は、北部住民の間で「市民の誘拐」に対する抵抗を強め、奴隷制に対する批判的世論を喚起し、地下鉄道運動をさらに強化するきっかけとなった。

われわれは、ここまで逃亡奴隷法の新たな制定とその執行をめぐる対立について述べてきたが、次に再び焦点をタブマン個人に戻して、彼女が逃亡してから南北戦争が始まるまでの約一〇年間、タブマンが取り組んだ南部からの奴隷救出活動と、北部あるいはカナダでの同郷出身黒人たちの生活を守る活動について話を進めよう。

2　タブマンの黒人奴隷救出作戦

周到な準備

タブマンは、一八四九年の逃亡の直後からイースタンショアに戻って家族や仲間たちを救出する覚悟を固めていた。彼女は、奴隷主が待ち受けるイースタンショアに再び立ち戻る勇気をどのように奮い起こしたのかを聞かれたとき、次のように語っている。

わたしには二つの選択しかありませんでした。自由か死かです。誰も私を生きたまま元に戻すことはできなかったでしょう。私は自由のために戦わなければなりません。もしそのときが来たら、主が連中に私を殺すよう命じるでしょう。

さらに、彼女はただ強い決意を持ち勇敢だっただけではなく、必要な準備を周到に行ってから出発した。

タブマンは、奴隷制廃止運動の中心地のひとつフィラデルフィアにまず落ち着いた。最初の九カ月間は個人の家庭やホテルで洗濯や料理をして金を稼ぎ、次の年の夏には、ニュージャージー州の海岸沿いにあるケイプ・メイに出かけ、その町のリゾート・ホテルで働いて金をためた。この港町は、フィラデルフィアのほぼ真南約一五〇キロ、ニュージャージー州の南に突きでた半島の最南端に位置し、湾を隔てて西側にあるデラウェア州サセックス郡は、この州で唯一黒人奴隷が集中していた地域だった。ケイプ・メイから直線距離で三〇キロしかない対岸のデラウェア州ルイスという港町にフェリーで渡り、そこから西に八〇キロ進めば両親が住んでいたメリーランド州イースタンショアのポプラー・ネックである。このケイプ・メイを選んだのは、彼女が独立記念日の祝日にこの町のリゾート・ホテルで大いに稼げることを知っていたからだけでなく、サセックス郡に多くの黒人が住んでおりイースタンショアの黒人コミュニティーに関する情報が得られやすかったからである。実際、彼女はイースタンショアに入る際にこのルートを何度か使っている。

そして彼女は、売却が迫っている家族を救出するためにどうすべきかを、慎重に検討した。

自分がイースタンショアに向かっていることを、どうやって家族に知らせるか、どこに集合するか、どのように子どもを含む「逃亡部隊」を組織し指揮するかを考えた。弟たちと一緒に逃亡を試みたにもかかわらず、彼らの不決断のゆえに途中で引き返えさざるを得なかった経験から、出発前に覚悟を決めさせ、それができない者は家族でも連れて行かないことにし、途中から引き返すことは絶対に許さないとの決意を示すために、彼女は銃を携行することにした。

タブマンは、デラウェア州ウィルミントンやメリーランド州ボルティモアの港にイースタンショアからの船が入ると、船員から伝えられる情報をあちこち聞いてまわった。夫ジョン・タブマンの兄弟トムとエヴァンがボルティモアに住んでおり、その他にもこの町には知り合いの自由黒人がいた。ある程度の危険は避けられないものの、ボルティモアは、タブマンの奴隷救出作戦の最前線基地のひとつだった。ここに出入りする黒人たちから家族の情報を入手すると同時に、家族に向けて自分の心づもりを発信した。

逃亡支援を成功させるための最低必要条件は、情報の収集と伝達、汽車賃や協力者への謝礼などに使う十分な資金の確保だった。とくに資金の確保は重要であり、かつ困難なことだった。タブマンは家政婦などをして稼いだが、それだけでは全く不十分だった。支援者からの寄付金が不可欠だった。多くの支援者が協力してくれたが、彼女はときには、かなり強引な手段で、寄付金を集めた。

寄付金集めについての次のような有名なエピソードがある。一八五七年、彼女はニューヨークで、地下鉄道運動の支援者オリヴァー・ジョンソンに寄付金二〇ドルの拠出を頼んだが断られ、やむなく彼の家で、資金が集まるまで動かないと言って坐り込み、寝込んでしまった。目を覚ますと、ジョンソンが苦心して仲間のところから六〇ドルの金を集めて持ってきてくれていた。

十分な資金を確保したうえで、逃亡支援には、その時々の適切な状況判断と決断力、追手をあざむくたくみな戦術が求められた。実際には、偶然によって救われたこともあったかもしれないが、彼女の周到な準備と緻密で考え抜かれた作戦なしには、一〇回以上の作戦で一度も失敗しなかったという「奇跡」は起こらなかっただろう。また、このような「奇跡」を起こす能力の多くは、第一章で触れたように、イースタンショアの密林・湿地帯で材木を伐採し、運搬する厳しい労働のなかで身につけたものだった。

南北戦争が始まるまでに、彼女が南部に何回足を運び、家族や仲間を何人救出したかは、必ずしもはっきりしない。彼女自身が他人に迷惑が及ぶことを配慮してすべてを語らなかったこともその原因だが、自発的に逃亡集団を組織した奴隷たちに、タブマンが逃亡方法や連絡先を指示しただけの場合もある。具体的な記録がほとんどなく、救出されたとされた人物が、実は、のちにイースタンショアで売却されたという記録が残っていた場合などもあり、このような事例は集計に含まれない。

タブマンがどのように描かれてきたか詳しく検討したミルトン・C・サーネットが、確認できる記録として示している一覧表によれば、合計一四回、六六―七七人を救出したという。ケイト・ラーソンは、一三回、七〇人を自ら救出し、五〇人に指示して逃亡させたとしている。従来から多くの歴史書に記されている「一九回、三〇〇人」という数は、一八八六年の改訂版伝記でサラ・ブラッドフォードが、友人から聞いた話として記した数字であり、今日では根拠のない誇大な数字だとされている。

また、ブラッドフォードがタブマンに聞いたところ、「自分にかけられた懸賞金がいくらだったかは知らないが、一万二〇〇〇ドルだったと他人から聞いたことはある」と答えたことからその数字が採用されたり、その発言の直後にブラッドフォードが「メリーランドの奴隷主にとって四万ドルは高すぎはしなかった」と書いたものが不正確に引用されて「懸賞金四万ドル」説になって歴史書に記され、今日でもなお多く引用されている。しかし、すでに述べたように現在までに発見されているタブマンの逃亡奴隷広告で示された懸賞金の額は、一八四九年一〇月三日付けの『ケンブリッジ・デモクラット』に「州外で捕獲した場合には、一人当たり一〇〇ドル、州内で捕獲した場合には五〇ドルの懸賞金を支払います」というものだけである。具体的に考えれば、タブマン一人のために所有者エリザ・ブローダスが、一万ドル以上もの金を出せるはずもない。奴隷主集団が結束してタブマンの捕獲のために巨額の懸賞金をかけたという記録もない。

タブマンがイースタンショアからの奴隷救出にあたって最優先したのは、兄弟姉妹や両親だったが、次第にタブマンの評判を聞いて「逃亡部隊」に加えてほしいと頼み込んできた奴隷を救出する事例も増えてきた。彼女の活動は、次第に「自分の家族の救出作戦」から「主の導き」[10]に従って奴隷を救出する「地下鉄道運動」へと転化していったのである。

最初の家族脱出

一八五〇年九月、逃亡奴隷法が成立した直後に、タブマンの姉リナの娘家族がドーチェスター郡から脱出することに成功した。彼らをボルティモアで迎え入れ、カナダまで逃亡させたのは、タブマンだった。これが彼女の最初の奴隷救出作戦である。

一八五〇年一一月、エリザ・ブローダスは、リナの娘ケシアとその子どもジェイムズとアラミンタの競売を行うと裁判所に通告し、一二月に入り競売が実施されることになった。ケシアの夫ジョン・ボウリーからその情報を得て、タブマンは、ただちにボルティモアに向かった。すでに述べたとおり、奴隷制が認められているメリーランド州にあるボルティモアは、なお「逃亡奴隷」だったタブマンにとって決して安全な場所ではなく、ボルティモア行きは

(10)「主の導き」に従うとは、自分の個人的な利益のためではなく、「普遍的価値のため」行動することを意味する。そして現世の上位にある個人の命令に従って行動するのではなく、タブマン自身の意志（良心）に従って行動することを意味する。

彼女にとって逃亡以後、南部への最初の緊張を要する旅だった。彼女は、夫ジョン・タブマンの兄弟トムの家に潜みながら、ドーチェスター郡から情報が届くのを待った。ケシアの夫ジョン・ボウリーは、自由黒人の船員で優れたボートの操縦者であり、金もかなり持っていた。

当日、正午少し前にドーチェスター郡ケンブリッジの裁判所の前で競売が始まり、娘アラミンタを抱いたケシアと息子ジェイムズが競売台の上に登らされた。ケシアが将来たくさんの子どもを産みそうなことは明らかで、最初から高い値段がつくことが予想された。ところが、なんとこの競売で最後に三人を競り落としたのは、ケシアの夫ジョンだった。金をやり取りする直前に正午の鐘が鳴り一時休憩とランチタイムが宣言されて、集まっていた人々がそれぞれ散った。

ジョンは、その隙をついた。彼は、ランチを取りに行くふりをして、ケシアと子どもたちを近所の協力者の家に連れて行き、午後になって競売が再開されたときには姿を消してしまっていた。誰もそんなことが起きるとは全く想像していなかった。ジョンの息子ハークレス(11)は、のちに父親から聞かされたこのときの話を手紙に書いている。その手紙によれば、ジョンたちは裁判所から五分以内の「あるご婦人の家」に連れていかれ、支援者の指示でどこかに移動して隠れていたという。彼らは、自分の奴隷を解放したことで知られていた白人ジョシュア・ベイリーの家の庭にあったジャガイモ貯蔵庫か地下倉庫に、あたりが暗くなるまで隠れていたのだ。ジョンは、子どもをしっかり抱き、ケシアは赤ん坊を泣かせないように必死にあやしていた。

エリザ・ブローダスは、白人コミュニティーのなかで評判がよくなく、パティソン家と血の繋がりのないエリザが、エドワードの子どもたちに相続されるべき財産を勝手に処分することに、パティソン家の人々は強い異議を申し立てていた。一方、ジョン・ボウリーは近所の白人たちからも評判が良かった。そのような人的関係があったからこそ、ジョンが白人たちに気がつかれずに冬の夕闇のなか、粗末な小さなボートに妻と子ども二人をのせて出発することができたものと思われる。ジョンの友人が、彼らの逃亡のために乗り捨て用の小さなボートを作り、波止場に隠しておいてくれた。寒い冬の川を小さなボートで北西に進む彼らの航海は容易なものではなかった。赤ん坊の泣き声を心配しながら夜間に進み、昼間は休んで、ついにチェサピーク湾西岸のボドキン・ポイントでタブマンと合流した。彼女は自らの逃亡後、一年一カ月ぶりに故郷の家族に会うことができた。ジョンは小舟をさらに直線距離にして約二〇キロ進め、ボルティモアの港に密かにもぐりこんだ。

この逃亡では、タブマンが知り合いのクエーカー教徒に協力を求めていた可能性が大きい

(11) ジョンとケシアの間には、その後七人の子どもが生まれた。ハークレスは、一八五六年に五番目の子どもとして生まれた。

が、あくまでもジョン・ボウリー自身の奇策と断固たる行動こそが、その成功の主な要因だった。

新たな逃亡奴隷法が成立していた当時、ジョン・ボウリーは自由黒人だったとはいえ、奴隷身分の家族の逃亡を助けたことがわかれば、逮捕される危険があった。タブマンの夫ジョンの弟の家でしばらく休息したのち、彼らはフィラデルフィアに向かった。ここフィラデルフィアも逃亡奴隷にとっては安全ではなく、まもなくジョンとケシアは、娘のアラミンタを連れてカナダに向かった。しかし、息子のジェイムズは、フィラデルフィアで教育を受けるためにしばらく残り、タブマンが彼の面倒を見ることになった。まもなくジェイムズも両親の住むカナダに向かうが、彼は、南北戦争後、サウス・キャロライナ州のジョージタウンに行き、教師となった。

夫ジョンの裏切り

タブマンが逃亡後、初めてイースタンショアに足を踏み入れたのは、夫ジョンを北部に連れ出して一緒に住むためだった。彼女は稼いだ金で夫のためにスーツを購入して、一八五一年秋、フィラデルフィアから出発し、ケイプ・メイを経てドーチェスター郡ハリスヴィル地区に入った。彼女は、彼の家から一〇キロほどの場所に潜み、そこから彼にメッセージを送ってくれる人物を探して、ジョンの反応を待った。

ところがそのときジョンはすでに自由黒人の女性キャロラインと同棲しており、タブマンの申し出を断わっているとの情報が入ってきた。さすがのタブマンもこの知らせにはショックを受け動揺した。

しかし、彼女はすぐに立ち直り決然と方向転換した。のちに彼女はインタビューに答えて「もし夫が私なしでやっていけるなら、私も彼なしでやっていけると考えました」「私の心からジョン・タブマンは消えました」と語り、「自分はその後、個人的な目的のためだけに生きることをやめ、主の導きに従って生きる覚悟をしました。私は「一度しか死ぬことができない」をモットーに生きようと思いました」と語っている。

タブマンが「黒いモーゼ」と呼ばれるようになったのは、一八五六年の冬、三人の奴隷を劇的な救出作戦の末にナイアガラをこえてカナダに連れ出した後からだったといわれている。しかし、彼女が、家族の奴隷制からの救出だけのためにではなく、「主の導き」に従って生きることを覚悟し、虐げられた人々全体のために自らを捧げる「黒いモーゼ」に脱皮し始めたのは、夫ジョンが彼女を裏切ったことが判明したこの時点、すなわち一八五一年秋だったと考えることも可能だろう。

初めての救出作戦

このとき、タブマンが来ていることを知った奴隷たちが、一緒に自由の地に行きたいと申し出てきた。彼女はそれを受けて、彼女の家族ではない一一人の黒人を連れて出発した。この旅はタブマンが初めて逃亡奴隷を指揮してイースタンショアを脱出させた作戦だった。デラウェアのウィルミントンを経て、ペンシルヴァニア州境をこえフィラデルフィアに入った彼らは、ただちにカナダに向かった。逃亡奴隷法が施行されたアメリカ国内にとどまることは危険だと判断されたからだった。

フィラデルフィアから鉄道を用いてニューヨーク→オールバニー→ロチェスター→ナイアガラのサスペンション橋を経てカナダのセント・キャサリンズに到達するルートには、連邦保安官や奴隷狩りが配置されており、タブマンを含めて一二人もの逃亡奴隷がここを通って安全に旅を続けるには、どうしても「地下鉄道」組織の手助けが必要だった。彼らがどのようなルートをとったかはわからない。地下鉄道とは文字通り非公然組織であり、場合によっては実力抵抗も辞さない、自由の大義に身をささげるゲリラ戦闘員の網の目だった。奴隷制廃止運動の黒人指導者フレデリック・ダグラスは、彼ら一二人がカナダに向かうための資金の準備ができるまで、ロチェスターにあった彼の家にとどまっていたことを証言している。彼は、このときの黒人の数は、自分がかくまった経験のなかでもっとも多かったこと、彼らがどこにでも寝てくれ、ひどく貧しい食事にもがまんしてくれたことについて書いている。

カナダに到着したタブマンは、一八五一年一二月、ナイアガラの滝付近にあるセント・キャサリンズという町のノース・ストリートに家を借りて、初めて定住するようになった。オ

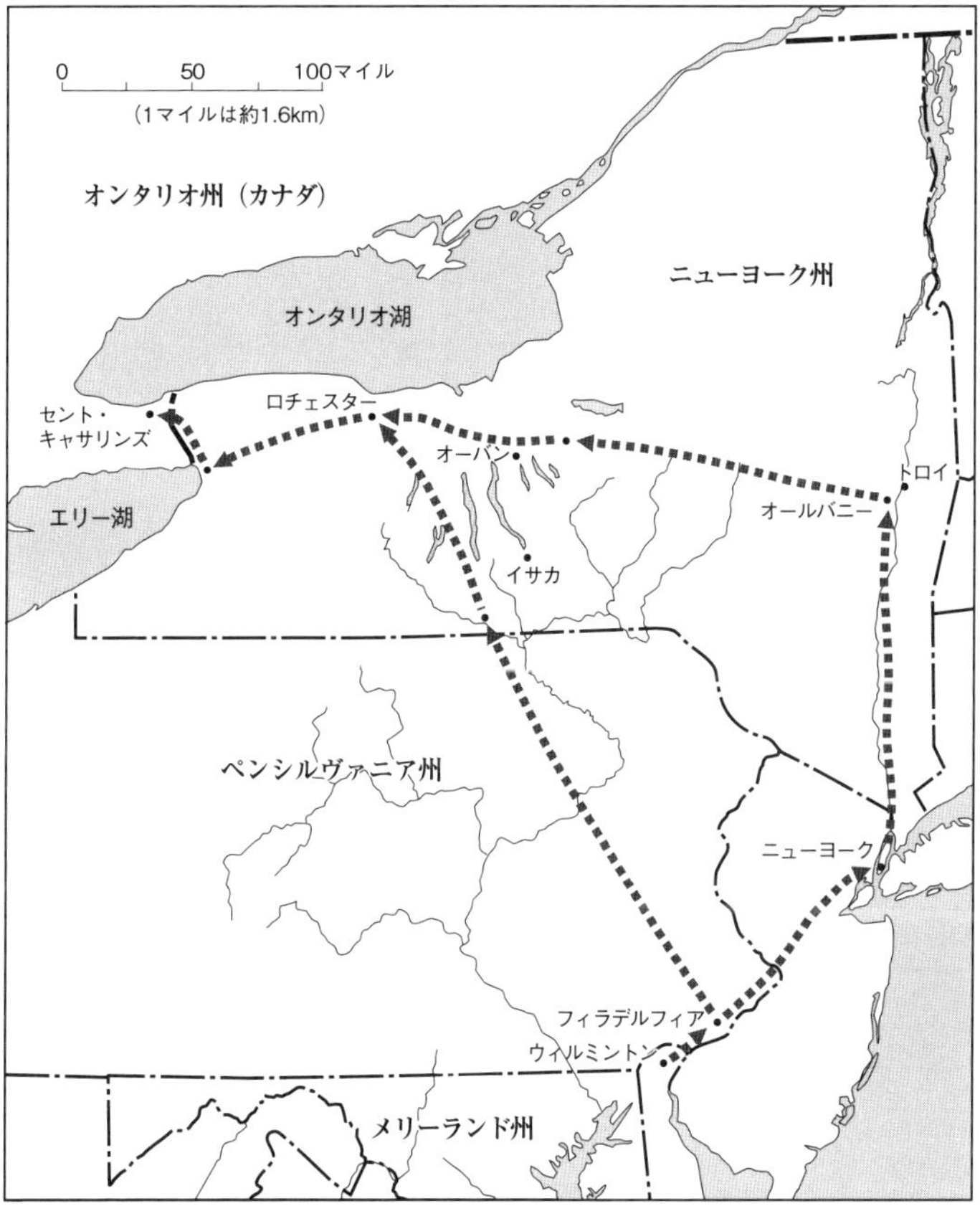

図19　北部の地下鉄道ルート

図 20　逃亡を指揮するタブマン

ンタリオ州にあるこの町は、逃亡黒人奴隷のターミナル（終着点）として長く機能した町だった。彼らが到着した当時、オンタリオ州には約一万人の黒人が住んでおり、セント・キャサリンズには大半が逃亡奴隷である約八〇〇人の黒人が住んでいた。ちょうどそのころ、彼らが集うためのブリティッシュ・メソディスト・エピスコパル教会が完成するところだった。これは南部から逃亡してきた奴隷が設計したもので、黒人たちには親しみの持てる場所だった。

ちなみにこの教会は今でも黒人たちが集う教会である。二〇一三年九月に私が事前に電話をして訪ねていくと、年配の女性が何人かで出迎えてくれた。そして、彼女たちは、近所には黒人コミュニティーがあり、自分たちの祖先はアメリカ国内の黒人とは違い、人種差別を受けることも少なく、自立して働いてきたと誇らしく語ってくれた。

しかし南部からやってきたばかりのタブマンとその仲間たちにとっては、厳寒の冬を耐えなければならないこの町での生活は困難だった。黒人が働ける仕事口も限られていた。薪を集めて近所に売り歩き、ときには物乞いをして飢えと寒さに耐える日々が続いた。

タブマンは、休む間もなく、再びフィラデルフィアとケイプ・メイに出かけ洗濯や料理で金を稼ぐとともに、奴隷たちの逃亡ルート確立のための情報活動や人脈つくりに励んだ。こうして彼女は、多くの仲間を見つけ出し、恒久的地下鉄道運動家になっていった。一八五〇年逃亡奴隷法の成立以後、北部では奴隷狩りや誘拐が広がり、これに対抗する地下鉄道運動が、一層組織化され活動を拡大した。タブマンは、おもに、デラウェア州ウィルミントンの白人富豪トマス・ギャレットと、フィラデルフィアの自由黒人ウィリアム・スティルに頼って、隠れ家と資金を手配してもらった。ウィリアム・スティルは、彼の事務所に到着した逃亡奴隷にインタビューをして、彼らの記録を残し、後世まで隠し持っていた。その史料は、地下鉄道運動の歴史研究に大いに役立った（巻末の主要参考文献2参照）。

図21　トマス・ギャレット

図22　ウィリアム・スティル

兄弟三人を連れ出す

タブマンが逃亡した際に、決断できずに引き返してしまった弟ベンとヘンリーに兄ロバートを加えた三人は、ヘンリーが一八六三年解放民調査局に語ったところによれば、その後一八五二年の暮れから五三年の間に自分たちだけで逃亡し、湿地帯や森のなかの隠れ家に六カ月間滞在していた。その際に、ある白人にエリザから彼ら三人を買い取ってもらう交渉を依頼したが、エリザが拒否したために、結局、彼らはバックタウンのエリザのもとに戻った。エリザは、帰ってきた三人の奴隷を見て、大喜びしたという。

読者のなかには、エリザが、逃亡した三人の奴隷に対して懲罰を加えなかったことに違和感をもつ方がおられるかもしれない。実際にこの三人の奴隷が懲罰を受けたという証言はしていないので、それは事実だと思われるが、なぜエリザが懲罰を加えなかったのかについては、たしかな根拠はなく、想像するしかない。そこでここでは簡単に奴隷に対する懲罰について説明しておきたい。

まず、確認しておきたいことは、奴隷に対する懲罰は、奴隷自身に苦痛を与えることもその目的だが、より重要なのは、他の奴隷に対する見せしめの効果を狙ったものだった。しかし、この三人の場合、他の有力奴隷主に貸し出されており、借り主は三人が逃亡した後はエリザに賃金を支払わないだけのことで、自分の下で働いている奴隷たちへの「見せしめ」にしなければならない理由があまりない。

また、とくに一八三〇年代以後、綿作農業の急成長によって奴隷の価格が高騰すると、自分の奴隷の価値を維持しようとして、奴隷に対する医療（とくに出産の際）や住居を改善する傾向がみられ、奴隷が二度と逃亡できないように肉体の一部を切り取るなどの懲罰は、急激に減ったといわれている。また鞭による懲罰の傷跡が残ると、その奴隷が「反抗的」である証拠となり、売却の際に不利になることも考慮に入れなければならなかった。

この三人の場合、「秘密裡の州外への売却」という、懲罰の可能性があった。彼らはその懲罰をもっとも恐れていたようである。ところが、それは、違法行為であり、エリザにとっては、係争中の裁判を一層難しくする可能性があった。彼女はパティソン家との裁判を闘いながら、彼らの売却のチャンスを狙っていた。それゆえに、エリザは、まだ若く値段が下がっていない三人の奴隷を、州内で売却し現金収入を得ることができると見込んで彼らの帰宅を喜んだのだろう。

兄弟がバックタウンに戻ったとの情報を得ると、タブマンは、兄弟たちの救出作戦を翌年一八五四年の春に決行する準備に入った。しかし、彼らの間には、感覚と意見のズレが常にあった。長男ロバートは、年老いた両親を残して出ていくことは正しくないと感じていたし、他の弟たちも、たとえクエーカー教徒でも白人は信用せず、また奴隷主による懲罰を恐れていた。未知の世界である「自由の地」への彼らの不安は強く、何が一番自分たちの利益にかなっているかについて意見を一致させることができなかった。

タブマンがイースタンショアに着いたとき、弟たちはたじろいだ。「春は野良仕事が多く、監視が厳しい。逃亡するなら冬のほうがよい」と、彼女と一緒に行くことを拒否した。彼女が去った後で、彼らは悔やんだが、タブマンは他の黒人一人を連れて出発し、後戻りはしなかった。

この年の暮れ、次の作戦計画に取りかかったタブマンは、弟たちのためらいを知っていたので、今回は兄弟たちに心の準備をさせるために、別の方法をとった。フィラデルフィアの友人に、ドーチェスター郡内にいる文字の読める黒人ジェイコブ・ジャクソン宛に手紙を書いてもらった。彼は怪しまれていたのでタブマンは口述する際に注意深く暗号を用いて、「昔からの友人たちにこの手紙を読んであげ、私の愛を伝えてほしい。シオンへの船が来たときに乗る準備をしておいてほしい」と書いてもらった。

ドーチェスター郡で白人たちに検閲された手紙がジェイコブに渡されると、彼は「自分には何のことかわからない」と言ってその場で手紙を破り捨ててしまった。そして、ジェイコブは、ロバート、ベン、ヘンリーに、タブマンがまもなく到着するので出かける準備をただちに始めるよう伝えた。

トマス・ギャレットかほかの誰かが、タブマンと兄弟たちの通行証を書いて渡してくれた。彼女は、船員や鉄道員を多く知っており、このときも彼らの手助けを受けた。彼女は、男物の船員服を着て出発した。ちなみにフレデリック・ダグラスも、メリーランド州イースタンショアから逃亡する際に自由黒人の恋人が準備してくれた船員服を着て出発した。

タブマンは、クリスマスの翌日一二月二六日に弟たちの競売がケンブリッジの裁判所前で行われる予定であることを知った。彼女は、暗くなったらただちに出発すると弟たちに伝えた。その後、ポプラー・ネックの両親の家に向かう計画だった。

ベンとヘンリーは約束の場所にあらわれ、ベンは、赤ん坊の母親とは別の新しい婚約者であるジェイン・ケインも連れてきた。残酷な奴隷主ホレイショ・ジョーンズの奴隷だったジェインは、ベンと一緒に逃げることに何のためらいもなかった。彼らは彼女に男性の服を着せ、ホレイショの野菜畑に隠れて、ロバートが来るのを待った。ロバートは、バックタウンで雇われていたが、妻メアリー・マノキーはお産を控えており、約束の場に来なかった。決められた時間が過ぎたので、タブマンはそれ以上待たずにホレイショの野菜畑を離れ、両親の家に向かった。

メアリーは出産直前で産婆を呼んでいた。お産が早まり、ちょうどみんなの待ち合わせの時間に女の子が生まれた。メアリーは、ロバートが競売に出されていることを知らなかった。しかし、ロバートはメアリーには何も告げずにメアリーと子どもたちを置いて、後ろ髪を引かれる思いで冷たい雨のなかを父親ベンの小屋に向けて走った。彼は明け方にポプラー・ネックにたどり着いた。その後ロバートは、妻と子どもたちに会うことはなかった。

ロバートは、タブマンと他の三人に加え、ケンブリッジ近くの[12]奴隷ジョン・チェイス、ピーター・ジャクソンと合流した。彼らはロス家のトウモロコシ小屋に隠れて、日没を待った。小屋の隙間からのぞくと、母親リッツが、クリスマスに帰ってくる子どもたちのために豚をつぶし、野菜を料理していた。リッツは息子たちの売却が迫っているという噂を聞いていたので、よけいに彼らが来るのを待ち遠しく思っていた。トウモロコシ小屋まで彼女のため息が聞こえてきた。このままでは、逃げたタブマンと姿を消していたモーゼは別にして、レイチェル以外の彼女の子どもすべてが売られてしまう危機的状況にあった。

タブマンは、もう五年も母親と会っていなかったが、言葉を交わすことはできなかった。子どもたちが一斉に逃げ出すことを知れば、リッツが動転して大騒ぎになると恐れたからだった。父親のベンは、何度かトウモロコシ小屋に食べ物を運んでくれた。暗くなって子どもたちが出発する際には、目隠しをしてしばらくついてきて、子どもたちの気配がなくなるまで静かに待った。あとで白人たちに尋問されてもどっちの方向に行ったかを言わなくてすむようにするためだった。一八五四年一二月二四日、クリスマスの夜のことだった。

翌々日、タブマンの兄弟たちの競売の日がきた。きっと彼らは両親とともにクリスマスを過ごすためにポプラー・ネックにいるだろうと思われていた。しかし、エリザの息子ジョン・ブローダスがそこに行ったときには三人はすでに姿を消していた。彼らを雇っていたト

(12) このトウモロコシ小屋の複製がハリエット・タブマン地下鉄道訪問者センターに展示されている。ポプラー・ネック近くには、タブマンの両親の家の類似の建物としてフルハーティ家の小屋が復元されていた。中に入ってみると、床に敷いた絨毯の下に人が隠れることのできる地下倉庫が作られていた。

図23　ロス家のトウモロコシ小屋と類似のフルハーティー家の小屋（複製）

ンプソンは、彼らは毎年来るのに今年は来なかったと答え、ベンとリッツも息子たちは来なかったと答えた。

タブマン一行は、ウィルミントンのトマス・ギャレットの隠れ家に落ち着いた。タブマンは、一人の靴が壊れてしまったことを話し、ギャレットに新しい靴を買うお金二ドルを工面してもらった。そして、ギャレットが用意してくれた馬車でペンシルヴァニア州境のケネットという町のアレン・アグニューの家にかくまわれた。途中で新たに三人が加わり、タブマンは総勢九人を連れて、一二月二九日、フィラデルフィアのウィリアム・スティルの事務所に到着し、そこで全員が丁寧なインタビューを受けた。

スティルは汽車賃や当座の生活費などのために資金を提供し、彼らを列車でニューヨークに送る手はずを整えた。そこで、ジェイコブ・ギブスという人物の世話になり、次にオールバニーの黒人協力者スティーヴン・マイヤーズを紹介され、その後ロチェスターを通り、ナイアガラのサスペンション橋を渡った。ポプラー・ネックを出発してからわずか一四日で一行はカナダのセント・キャサリンズに到着し、そこでイースタンショア出身の仲間たちに出迎えられた。一八五五年初頭のことである。

三人兄弟の所有者だったエリザ・ブローダスは、彼らの逃亡によって全財産の三分の一以上にあたる約一一五〇ドルを失った。タブマンの家族でイースタンショアに残っていたのは、両親とレイチェル、その子ども二人、ロバートの妻メアリーとその子ども二人だけになっていた。

イースタンショアへの長期潜入

一八五五年一〇月、タブマンはセント・キャサリンズからイースタンショアに直行し、妹レイチェルとその子ども、および兄ロバートの妻メアリーとその子どもを救出するために三カ月近くもここに潜伏していた。

このころ奴隷の逃亡が急増しているのに脅威を感じた奴隷主たちは、集会を持ち警戒態勢を強化し、情報収集やパトロールを繰り返していた。相互に家屋を捜索しあい、クリスマスを含む休日に奴隷を外に出さないことを申し合わせていた。

しかし、それにもかかわらずタブマンは一二月末までの間、何ごともなく安全にイースタンショアにとどまることができた。ある場所でアンソニー・トンプソン二世とまた行き交ったが、彼はタブマンには気がつかなかった。タブマンは奴隷ならまず着ない絹の衣装や大きな婦人用ひよけ帽をかぶり、髪を下ろして老婆のような様子で、顔が見えないように歩いた。自由黒人のなかには、かなりの金を持ち優雅な格好をする黒人がいたのである。奴隷は字が読めないものと決めつけている白人の前で、タブマンは新聞を読んでいるふりをして注意をそらした。ある時には、見つかりそうになって、手にしていた二羽の鶏をわざと騒がせて注意が彼女に向かないようにしたとも語っている。

タブマンの「超能力」?

なぜ白人たちはタブマンを見つけることができなかったのか。タブマンは「主が私を危ないところに行かせなかったからだ」と言っている。トマス・ギャレットは、「彼女ほど神が直接語りかけていることに自信を持っている黒人を私は見たことがない」と語ったことがあった。しかし、なぜタブマンがこのように危険の回避をすることができたのかについて、「主のお告げ」や彼女の「超能力」で説明する歴史家はさすがに見当たらない。やはり、彼女の持っていたさまざまな能力や人間関係を具体的に検討してみることが必要である。

集中力、視力、スポーツ的能力、速足、精神的安定性、機知、ユーモアのセンス、地理に関する豊富な知識などの能力だけではなく、地下鉄道運動の支援者、特定の蒸気船の船長や船員、鉄道の車掌など各地に知り合いがいたことも重要な要素だろう。そのなかには通行証を偽造してくれる人もいた。船員であるかのような身なりをする変装技術、自信に満ちたふるまいなど、さまざまなことが語られてきた。それでもなお、どうして彼女が度重なる危機を乗り越えて失敗せずに逃げ切ることができたのかについては、偶然によって助けられた面もあることは否定できないだろう。

しかし、黒人仲間たちが彼女には「超人的予知能力」があると思っていたらしいことは事実であり、それは無視できない。集団での逃亡の最中に、タブマンが危険を察知して、突然「主のお告げだ」と言って方向転換を指示したときに、仲間たちが彼女を信じてその指示に従ったのは、彼女の「呪術師的超能力」を信頼していたからだろう。

逃亡を固辞する家族

タブマンは、この潜伏期間中、妹レイチェルを繰り返し説得したが、子どもをおいて逃亡させることは最後までできなかった。レイチェルはほかの雇用者に貸し出されており、子どもと一緒に住んではいなかった。そのためタブマンはしばらくあきらめることにし、このときは、一九歳の少年ヘンリー・フーパーを連れて一二月初めにドーチェスター郡を出て、フーパーを次の中継地点まで送り出した。フィラデルフィアのウィリアム・スティルの記録にはフーパーが六日に到着したとある。

タブマンはすぐまたイースタンショアに舞い戻って兄ロバートの妻メアリーの救出を試みたが、彼女はロバートが去ったあと、再婚して妊娠中で、トンプソン二世はメアリーをタブマンから守るためにタルボット郡に連れて行ってしまっていた。彼女もそこを離れる気はなかったので、救出はあきらめざるを得なかった。

タブマンは、クリスマスにレイチェルが、両親リッツとベンのもとに子どもたちを連れて行く許可を受けることができないかに賭けたが、それも駄目だった。前年のクリスマスの際にタブマンの三人の兄弟に逃げられた経験からエリザ・ブローダスはそれを許さなかった。タブマンは、レイチェルが子どもと引き離されて売られることを心配しながら、再度の挑戦に賭けて、やむなくフィラデルフィアに戻った。

「主のお告げ」で難を逃れる

翌一八五六年にタブマンはイースタンショアに五回「侵入」したといわれているが、すべての記録は確認できない。この年の初めにタブマンは、弟ヘンリーの妻ハリエット、その子どもウィリアムとジョンを北部に連れ出すことに成功したとされているが、詳しい記録はなく、時期も確定できない。ただし、彼らがイースタンショアから逃れて、ニューヨーク州オーバンに住んでいたことは、のちに確認されている。

五月には、四人の若い男性をフィラデルフィアに連れて行った。この作戦中、タブマンは「主のお告げだ」として突如方向転換し、冷たい川に入って渡る決断をした。男たちはためらってはじめは川のなかに入らなかったが、彼女は川を渡り切り、男たちも彼女に従った。川を渡ったあと彼らは、予定した隠れ家ではなく別の黒人の家で服を乾かしながら眠った。後でわかったことだが、この日、四人の男たちのうちの一人の奴隷主が、予定していた隠れ家近くに来て逃亡奴隷広告を出していた。

このとき、彼女は助けてくれた黒人にお礼を支払う金がなく、翌朝、この黒人に自分の下着をもらってもらえるか聞いたところ喜んで受け入れてくれた。当時、「下着」は黒人たちにとって貴重なものだった。(13) この旅で、タブマンはひどい歯痛に悩まされたうえに、ウィルミントンのギャレットの家に着いたとき、激しい頭痛と睡眠障害、気管支炎に襲われ、ひと夏中回復しなかった。しかし彼女は、強い意志で立ち向かい、自分で石を使って歯を抜いた。そのあと彼女と四人の男はカナダに入り、そこで夏を過ごした。

(13) 当時、南部の大衆の衣服は多くが自家製で、かなり貴重なものだった。第一章で述べたが、タブマンは一三歳の時に近所の白人の家に貸し出され、自家消費用の亜麻の収穫と繊維を取り出す作業に携わったことがあった。当時はこの亜麻で、奴隷向けの肌着やリネン類、収穫用バッグ、あるいはロープが作られていた。

病弱の女性奴隷を救出

この年の九月には、タブマンはフィラデルフィアに戻り、妹レイチェル親子の救出の可能性を探るために再びイースタンショアに入った。しかしレイチェルは、子どもを置いて出ていくことはやはりできないと固辞したため、救出は再び失敗した。その代わりに救出を申し出てきた五人の男性を連れてウィルミントンに着き、彼らはフィラデルフィアに送られた。

そしてニューヨークを経てカナダに向かう途中で、地下鉄道員の支援を受けた。その地下鉄道協力者のなかにいた男から、七年前に生き別れた婚約者のティリーを探して連れてきてほしいと頼まれ、タブマンは引き返して彼女を探しにメリーランド州ボルティモアに向かった。ようやく探し当て、協力者に彼女のための身分証明書を偽造してもらった。タブマンは病気だった彼女をフィラデルフィアまで逃がすのに、徒歩では無理だと判断し、チェサピーク湾を南に向かう船に乗った。二人の黒人女性が北上するのではなく南下する船に乗っても何も怪しまれなかった。ティリーはムラート（混血）だったので肌の色が白く、タブマンの女主人のよう見え、タブマンは、彼女のお供をして南部に向かっているかのような素振りをした。その後二人は、知り合いの船長の船に乗り、チェサピーク湾から東に入って、イースタンショアを抜けるナンティコーク川を北上し、デラウェア州シーフォードに上陸した。

彼女たちは、シーフォードの鉄道駅で怪しまれて保安官に引き渡されたが、身分証明書を提示して難を逃れることができた。そこから約五〇キロ北にあるキャムデンは、活動的な奴隷制廃止主義者がいると同時に、奴隷狩りが数多く徘徊していた町で、とても危険だった。ここで自由黒人ウィリアム・ブリンクリーと連絡を取り、持ち金を全部支払って馬車で九〇キロ先のウィルミントンに向かった。

タブマンは、ウィルミントンでトマス・ギャレットにティリーと自分のために新しい靴を買う金を所望した。また、ティリーにはフィラデルフィアを通ってカナダまでの通行証が必要だった。このような助けを得て、彼女はカナダで無事に婚約者の男との再会を果たした。

タブマンは一一月、再びイースタンショアに潜入し、妹レイチェルと会ったが、彼女の子どもを見つけることはできず、レイチェルは子どもたちを置いてドーチェスター郡を出ようとはしなかった。こうして三度目の試みも失敗し、タブマンはやむなくクリスマスのころにまた来ると約束して彼女と別れた。

「モーゼ」と呼ばれて

レイチェル救出に失敗したタブマンは、この場を離れる際に別の申し出を受けて、タルボット郡の林業現場で雇われていたジョシュア・ベイリーとビル・ベイリーを連れ出した。ジョシュアを雇って働かせていた大奴隷主ウィリアム・ヒュレットは、ジョシュアは有能で必要不可欠な奴隷だと考え、二〇〇〇ドルもの大金を支払って彼を購入していた。ヒュレットは、ジョシュアが自分の奴隷であることをはっきりさせるために、服を脱がせて鞭うった。それをきっかけに、ジョシュアは、たとえ妻と子ども三人を置いて行かねばならないとしても、出ていく決意をしたという。その晩、彼はボートでタブマンの父親ベンの小屋にやってきて、「次に「モーゼ」が来たら教えてほしい」と伝えてヒュレットの所に戻っていった。

その二週間後にタブマンがやってきた。彼らは日曜日の晩に出発した。一一月の中旬のことだった。ジョシュアとビルに加えて、他の二人の奴隷が同行した。

翌朝、ヒュレットが三人の追っ手を出したことを知った彼らは、川を渡り、別々の方向に散らばり、再び約束の集合場所に集まった。ジョシュアには港にたくさんの友人がいた。イースト・ニューマーケットでは自由黒人の牧師サミュエル・グリーンの世話になった。ヒュレットは、ジョシュアを捕獲した者に一五〇〇ドルの懸賞金を支払うとの広告を出した。二〇〇〇ドルを出して買い取ったジョシュアには、それだけの価値があった。ほかの三人の奴隷の捕獲者に対しても、それぞれの所有者が懸賞金広告を出した。

タブマン一行は、追っ手を逃れてウィルミントンに入る橋が架かっているクリスティアーナ川にたどり着いた。ここには捜索隊がすでに三日前から来て見張っていた。タブマンはトマス・ギャレットに連絡し、彼の友人のつてを頼ってそれぞれが分散してかくまわれた。そうこうしているうちにジョシュアは、ヒュレットの仕打ちを恐れて降伏したいと言い出したが、タブマンは受け入れなかった。

翌朝、二人の黒人が、何やら荷物を荷車にいっぱい乗せて橋の反対側からやってきた。荷車は、逃亡奴隷を捕まえるところを見物に来た人々の前を通り過ぎ、音を立てて橋の上を進んだ。御者は大きな声で歌っていた。そしてこちらへ渡ると向こう側に向かって悠々とあいさつした。荷車は、タブマン一行が潜んでいた場所まで進むと、すばやく五人を荷車の下に隠し、煉瓦を上手にその上に積み、Uターンして橋の方に進み、無事に橋を渡った。

まもなく彼らは、ウィルミントンに到着し、その晩にそこを出発した。翌一一月二六日にフィラデルフィアのウィリアム・スティルの事務所に到着し、二八日にニューヨークに着いた。そこで最終目的地のカナダまでの遠さを知り、ジョシュアが再び動揺し始めた。ナイアガラを渡るときもジョシュアは心配しつづけたが、サスペンション橋を渡りカナダの地に入ってはじめて感激の声をあげた。ジョシュアとビルは、ようやくたどり着いたセント・キャサリンズにそのあとも長くとどまった。

一一月がおわり、セント・キャサリンズの日は早く暮れるようになり寒さが襲来した。毎年のことだが、イースタンショアから逃げてきた黒人たちは、厳しい冬に苦しめられた。まともな仕事も十分な食料もなく、子どもたちは病気にかかり、命を落とす者も出た。「奴隷州にいたほうが良かった‼」との声が発せられたのも無理からぬことだった。

タブマンは、一八五六年末のこのときまでにすでに家族以外を含む四〇人程度の奴隷を自由の地に連れだし、一人として脱落させたことはなかった。彼女の活躍は、このころには奴隷制廃止運動家たちの間で評判となり、多くの人々がタブマンのことを「モーゼ」と呼ぶようになっていた。タブマンによれば、彼女に「モーゼ」の名前を付けたのは奴隷制廃止運動の白人指導者ウィリアム・ロイド・ギャリソンだった。しかし、すでにそれ以前から彼女は黒人の間で「モーゼ」と呼ばれており、「ゴー・ダウン・モーゼ」（行け！ モーゼ。エジプトのファラオに告げよ、わが民を解放せよと）の歌声は、黒人の間で鳴り響いていた。

ドーヴァー・エイト事件

翌一八五七年の三月八日、九人の黒人奴隷が事前に金を貯めて準備し、ドーチェスター郡から脱出した。彼らはタブマンがそのルートを教えてくれたと報告している。奴隷主は巨額の懸賞金を示して、九人を追った。ところが、それまで仲間たちに尊敬されていた案内役のトマス・オトウェルが途中で懸賞金に目がくらみ、他の八人を保安官に引き渡す場所に連れていこうとした。事態を知った八人は必死に抵抗し、かまどの中の火のついた石炭をシャベルに入れてぶちまけ、その混乱のさなかに脱出した。

逃亡奴隷にとって危険な町とされていたキャムデンのわずか五キロ北にあるドーヴァーで起こったこの事件は「ドーヴァー・エイト事件」として知られている。最終的には八人のうち五人が逃げることに成功して、フィラデルフィアのウィリアム・スティルの事務所に到着した。彼らを保安官に売ったオトウェルは、タブマンの父親ベン・ロスが逃亡の協力者だと通報したといわれている。結局八人全員が脱出に成功したという噂がイースタンショア付近に広まったが、実際にどうだったかはわかっていない。

この事件の直後の四月初め、ドーチェスター郡保安官は、自由黒人牧師サミュエル・グリーンの家を、捜査令状を持って捜索した。ドーヴァー・エイト事件に係わった黒人たちの逃亡をグリーンが支援していたとオトウェルが証言したのである。そのとき、保安官は、グリーンの家からカナダの地図、鉄道時刻表、カナダにいる息子などドーチェスター郡の逃亡者からの手紙や『アンクル・トムの小屋』などを押収した。メリーランド州では、法令で黒人が扇動的な文書を所持することを禁止し、『アンクル・トムの小屋』は扇動的文書に指定されていた。裁判所は、その所持を理由に一〇年の禁固刑をグリーンに言い渡した。白人を含む彼の友人たちが保釈金二〇〇〇ドルを集めたが、受け入れられなかった。彼は、南北戦争中の一八六二年に当時のメリーランド州知事から恩赦を受けるまで、約五年間、収監されたままだった。

両親の救出

ドーヴァー・エイト事件に父親のベンもかかわっていたことが知れ、次はベン・ロスが狙われているというニュースを聞いて、トンプソン二世がベンに「すぐに州を出ろ」と警告してくれた。トンプソンは、七〇代のベンとリッツ夫妻が単独で州外に出ることはとても無理なことはわかっていたが、タブマンがそばに来ていることを薄々わかっていたので、ベンに警告したのだろうといわれている。

この年は、四月になってもとても寒い天候が続いた。不作で、多くの白人農民が家の中から外を見つめており、逃亡は困難なように思われた。郡保安官が、ベンに対する家宅捜査令状を取った。四月末から五月初めにかけて、タブマンは、ポプラー・ネックに向けて出発したが、白人自警団の警戒が強まり、地下鉄道運動の拠点がいくつか失われ、天候もいつもとは違っていて、五月末まで両親の家に近づくことができなかった。彼女が両親のもとに着いたのは、ベンが裁判所に呼ばれる一週間前のことだった。

両親が歩いて脱出することは難しかったので、タブマンは、ウィルミントンで馬車を購入し改造して、彼らの小屋に迎えに行った。母親は、すべての所持品を置いたまま逃げることを躊躇したが、説得されてやむなく出発した。タブマンは両親の意向を断固として振り切るほどの、有無を言わせぬ力をもっていた。馬車はおもに夜進み、一三〇キロ先のウィルミントンに向かった。そこで、証拠をすべて消して馬車を売った。彼らは、ウィルミントンで、トマス・ギャレットの出迎えを受け、タブマンは三〇ドルを両親のために受け取り、フィラデルフィアに送り出した。

両親は、フィラデルフィアでウィリアム・スティルのインタビューを受けた。リッツは自分の子どもがジョージア州に売られたときの悲しみについて語り、ベンは、トンプソン二世のことを温情的奴隷主などではなく「羊の毛皮をかぶった狼」だったと話した。すでに述べたように、トンプソンが借金を抱えた際に友人の女性奴隷スーザンを売却し、彼女が奴隷商人によって州外に違法に売却されたことをベンは忘れることができなかったのだ。

彼らはニューヨーク市を経て、ロチェスターでは、ロチェスター婦人反奴隷制協会の書記でフレデリック・ダグラスと親しいマリア・G・ポーターの家に二週間ほど泊まり、セント・キャサリンズに向かう準備をした。

最後の救出作戦

タブマンは、ポーターの家で両親と別れ、イースタンショアに引き返して、四度目のレイチェル親子救出作戦に挑戦した。しかし、所有者エリザ・ブローダスは、レイチェルの子どもたちを手元に置いたまま、レイチェルをそこから二〇キロ近くも離れたところに貸し出し続けていた。レイチェルが子どもを見捨てては逃げないと確信していたのである。タブマンは結局今度も救出に失敗した。今回は、他の逃亡者を伴わずに北部に戻り、ロチェスターで両親と合流、ここで両親ともどもフレデリック・ダグラスと面会した可能性が高い。そこからセント・キャサリンズに向かい、両親は子ども、孫、ひ孫と感動の対面を果たした。一八五七年の夏のことだった。

タブマンは、両親を兄弟たちに預けると、セント・キャサリンズからまたすぐイースタン

図24　集団逃亡する奴隷たち

ショアに引き返した。彼女は、秋までそこにとどまっていたが、イースタンショアからは、この時期にどんどん奴隷が逃げ出していた。

一八五七年一〇月初旬、一五人の奴隷が逃げ出し、中旬にフィラデルフィアのウィリアム・スティルのもとに到着した。下旬には二八人の男女と子どもが、三日間にわたる激しい雨と雷鳴のとどろくなかを逃亡した。翌朝アトソウ・パティソンの孫にあたる奴隷主サミュエル・パティソンが確認したところ、ほとんどすべての奴隷がいなくなっていた。逃亡した男たちはそれぞれ武器を持って戦うつもりで出発していた。逃亡者たちは、寒さで病気になり、あるいは怪我をしながらも進んだ。そのなかには多数の子どもが含まれており、泣き声をあげないように睡眠薬、おそらくアヘンを飲まされた子どももいた。途中でアイルランド人[14]と出くわして衝突、発砲事件も起こったが、全員がウィリアム・スティルの事務所に無事到着し、すぐセント・キャサリンズに向けて出発した。

一一月二日には、イースタンショアの指導的白人市民がケンブリッジに集合して、奴隷所有者の利益を守るために対策を話し合った。ドーチェスター郡からの奴隷の脱出はその後も続いたが、取締まりの一斉強化により、地下鉄道組織は分断され、タブマンのイースタンショアでの活動はしばらく停止せざるを得なくなった。

タブマンは、約三年間の休止期間ののち一八六〇年一一月、レイチェル救出のために最後のイースタンショア侵入作戦に出発した。森の中の隠れ場で様子をうかがったが、この年の一一月、ドーチェスター郡の状況は悪化していた。かつてのような黒人たちの秘密通信網は機能しておらず、人々は慎重で、恐れていた。タブマンの協力者の多くは南部を出ており、情報が入りにくくなっていた。このとき妹レイチェルはすでに死亡していたのだが、そのニュースもタブマンにはなかなか届かなかった。雪の森の中で、逃亡希望者を待ったが誰もあらわれず、彼女は一人で北に引き返すことにした。

しかし、出発直前に乳児を含めた六人家族が助けを求めてきた。子どもたちにアヘンをのませ、昼間は静かにさせて、夜出発。雪は冷雨に変わり、いつもの隠れ家に到着したとき、

(14) アイルランド人移民は、長期にわたってアメリカ移民の最底辺に位置づけられ、「白いくろんぼ」(White Nigger)と呼ばれて「白人扱い」されないことが多かった。都市部では、黒人と最底辺の職を争うことが多く、両者の間の暴力的衝突も多かった。

当てにしていた住人はすでに引っ越していた。この家には別の貧しい白人が住んでおり、その白人が懸賞金を期待して当局に知らせることはほぼ確実だったので、彼らはすぐ逃げ、沼地の島に渡りしばらく潜んでいた。高い水草の茂った沼地のなかで赤ん坊をかごに入れて抱えて進み、寒さと空腹に耐え、子どもにはアヘンを与えながら逃げ続けた。厳しい追手の追及を逃れるために、彼らは長い間森の中に隠れていなければならなかった。タブマンは食糧を探しに出かけ、帰ってきたときには追手に知られないように特別の合図を歌で発信した。同じ歌の歌詞を二回うたった後でなければ姿を現さない約束だった。逃亡者たちに、なお隠れているようにとの合図や、危険は去ったことを伝える歌も暗号として用いた。

まもなく、あるクエーカー教徒があらわれ、自分の家に馬と馬車があるのでそれを使って逃げるよう申し出てくれた。彼らは、それに頼ってタブマンの友人の家に向かった。馬と馬車をその友人が元の所有者に戻してくれた。タブマンは、ウィルミントンのトマス・ギャレットのもとに彼らを送り届け、彼から三〇ドルもらって馬と馬車の代金としてそれを支払った。その後、彼らは無事、カナダまで送り届けられたが、奴隷救出作戦はますます困難になっており、これがタブマンの最後の逃亡奴隷救出作戦となった。

妹レイチェルが死に、子どもたちが奴隷制のなかに取り残されたままであることはタブマンの両親や家族に伝えられた。

タブマンの逃亡奴隷支援活動についてのまとめ

以上がタブマンのイースタンショアからの逃亡奴隷支援活動の概要である。タブマンの人生全体にとって、この「地下鉄道」活動は、もっとも華々しい活動だったし、彼女もそのことに強い誇りを抱いていた。一八九六年一一月一八日にロチェスターでニューヨーク州女性参政権協会集会が開かれ、ここで演説した際に、タブマンは女性参政権ではなく、地下鉄道運動について述べ、「私は地下鉄道の車掌として八年活動してきましたが、ほかの人たちとは違って一度として脱線させたことはありませんし、一人の乗客も失ったことはありませんと、自信をもって言うことができます」と誇らしく語った。

ファーガス・M・ボードゥウィッチは、他の白人や黒人活動家は地下鉄道運動で数々の失敗をしていたのに、タブマンが失敗しなかった理由として次の二点を挙げている。第一に、白人活動家が黒人の間には自由に入って行けず現場の黒人たちと親しくなれなかったのに対して、彼女は黒人大衆から信頼され、しかも多くの白人協力者を得ることができたこと、第二に、当時「地下鉄道活動」で逮捕されたり殺害されたりした人物がいずれも男性だったために、おそらく当局が、女性の活動家がここまでやるとは想像できなかったことである。タブマンは、当時のジェンダー規範をはるかに超える存在であり、極めて大胆な「男勝《まさ》り」のことをする女性であるのに、ごく地味な小柄な女性で、しかも老けて見えた。彼女は、既成概念にとらわれていた多くの白人男性の想像力が及ばない存在だった。タブマンを見たことのある南部の警察官は一人もいなかったといわれている。

しかし、タブマンが他の活動家と異なっていたのは、その大胆な活動にもかかわらず捕えられなかったことだけではない。タブマンがほかの地下鉄道活動家や奴隷制廃止運動家ともっとも違う点は、黒人奴隷たちを自由の地に救出してそれで終わりにするのではなく、そこでの彼らの生活の自立を支援し、彼らのコミュニティー構築のためにさまざまな試みに挑戦したことであろう。それは南北戦争を経て、彼女のその後の「難民支援」活動の基礎となる活動だった。

3 北部でネットワークを構築

セント・キャサリンズで自立を模索

一八五七年のクリスマスをカナダのセント・キャサリンズで両親とともに過ごしたタブマンは、知り合いから彼らの近親者の救出を頼まれることはあったが、当面は不可能だと考え、イースタンショアから逃げてきた黒人たちの生活を維持し、コミュニティーを再構築する活動にその精力を傾けた。そのために活動資金の寄付を求めて各地を講演して歩き、ニューヨークとニューイングランド(15)の奴隷制廃止運動のネットワークのなかに入っていった。

セント・キャサリンズに定住した元奴隷たちは、ここでも人種差別や偏見と闘わねばならなかった。カナダでは、ほとんどの地域で黒人に対する教育を拒絶していたために、彼らは自分たちの子どものための私立学校建設に取り組んだ。多くの点でカナダではアメリカ北部諸州と類似した状況だったが、政治的な権利はアメリカより広く認められていた。カナダの法律の下では黒人男性は投票、陪審、証言、財産所有、公職に立候補する権利など白人男性と同じ権利が保障されていた。

両親はセント・キャサリンズの降り続く雪のなかでひどく苦しんだ。リッツは、リュウマチで手を痛めていた。セント・キャサリンズに逃亡してきた約四〇人にとって、住居、衣服、燃料、食料の確保などその生活維持は容易ではなかった。南部のメリーランド州出身の彼らにとって長く寒い冬への適応は容易ではなく、呼吸器系の疾患で苦しむ者が多かった。黒人たちが就いた職業には、日雇労働者、家政婦、御者、農業労働者、コック、ウェイター、鍛冶屋、ペンキ屋、床屋、牧師などがあった。彼らはセント・キャサリンズのノース・ストリートの数ブロックに集住し、この地域で、イースタンショア時代の家族や地域共同体のネットワークを再建した。少数ではあったが郊外に入植し、土地を確保して自立した者もいた。

その地域の農業雇用はあったが、農繁期が短く、農閑期には他の仕事はなかなか見つから

（15）アメリカ合衆国北東部六州を指す。具体的には、メイン州、ニューハンプシャー州、バーモント州、マサチューセッツ州、ロードアイランド州、コネチカット州。

なかった。農産物価格が安く、小作料が高かったために、黒人たちの自立は困難だった。しかし、アメリカ伝道協会（ＡＭＡ）の支援などにより黒人だけのコミュニティー建設支援も行われ、なお慈善に頼らねばならなかったものの、ある程度の自立も実現しつつあった。タブマンがとくに頼ったのはロチェスター婦人反奴隷制協会だった。同協会の一八五七―五八年年次報告はタブマンの過去の活動を取り上げ、資金カンパを呼びかけてくれた。そして、反奴隷制フェアを開催して衣服や食物の寄付も要請してくれた。

支援者を得てニューヨーク州オーバンへ移住

一八五八年、タブマンは、奴隷制廃止運動のなかの女性フェミニスト活動家が多数住んでいたニューヨーク州北部のオーバン[16]を訪ね、そこで女性参政権運動の代表的指導者のひとりルクレシア・モットの妹マーサ・コフィン・ライトとその夫デイヴィッドに出会って強力な支援者になってもらった。そこで、タブマンは、自分の両親がセント・キャサリンズで寒さにいかに苦しんでいるかを話した。

翌一八五九年初冬、ニューヨーク州選出の上院議員でこの町に住む奴隷制廃止主義者でもあったウィリアム・スワードがこの話を聞きつけ、タブマンにオーバンの七エーカーの土地付きの家屋を売るという提案をしてくれた。その条件は、総計一二〇〇ドル、頭金二五ドル、四半期ごとに一〇ドルと利子の支払い、という極めて寛大なものだった。

スワードは、黒人でしかも女性のタブマンに財産を売却したが、これは当時では異例で危険なことだった。法的にはタブマンはまだ「逃亡奴隷」であり、逃亡奴隷法の下ではスワードの行為は犯罪だった。タブマンが逃亡者だと知って財産を彼女に売却することは違法だったからである。自由黒人で父親のベン・ロスが契約者になることもあり得たが、タブマンは自分が契約者になると強く主張し、スワードの申し出を受けることにした。

図25　ウィリアム・H・スワード

こうしてタブマンの家族は、この年（一八五九年）の五月までにセント・キャサリンズからオーバンに引っ越すことになった。一八五〇年逃亡奴隷法の下で、タブマンがアメリカの地に居住することは危険だったが、オーバンでは周りの白人コミュニティによる保護が十分期待できた。そしてオ

---

(16)　オーバンは、ニューヨーク州北部の氷河湖のひとつ、カユガ湖の湖畔イサカにあるコーネル大学からカユガ湖に沿ってほぼ真北約六〇キロにあり、アメリカの女性解放運動の出発点となった「女性の所感宣言」が発せられたセネカ・フォールズは、カユガ湖を隔ててオーバンの約二五キロ西に位置している（図19参照）。

ーバンは、ニューヨーク州やニューイングランド地方の奴隷制廃止主義者とのコンタクトがとりやすい場所だった。

まもなくタブマンは、ここに近親者だけでなく、頼れる人のいない老人や障害者を受け入れて、ここはハリエット・タブマン・ホームと呼ばれる共同施設となった。タブマンは、スワードへの借金の支払いとともに、その施設運営のために、あちこち寄付金を集めて回った。そのような活動によって、彼女は、奴隷制廃止運動のなかで広く知られるようになった。

奴隷制廃止運動のなかへ

両親救出前の一八五五年、タブマンを紹介する初めてのエッセイが、ベンジャミン・ドルーによって書かれた『避難民あるいは奴隷制についての北部からの見方』という本に掲載された。

一八五二年出版のストウ著『アンクル・トムの小屋』に対抗して奴隷制擁護論者は、『南部のための社会学、あるいは自由社会の失敗』（ジョージ・フィッツヒュー著、一八五四年）をはじめとする著書を出版し、「ストウは実際の奴隷制を知らない。南部奴隷制よりも北部の賃金奴隷制のほうが、はるかに非人間的で冷酷だ」と主張していた。これに対して、ベンジャミン・ドルーは、事実を積み上げて奴隷制の実態を暴露するために、セント・キャサリンズにいたタブマンを訪ねてインタビューし、その記事を実名入りで掲載した。実名を明示したことは、彼女を追っていた奴隷主たちに対する公然たる挑戦を意味した。そのインタビューで、タブマンは、「奴隷制は地獄の先の場所です。私は家族のいるメリーランド州に帰りたいのですが〔今は戻れません。〕、そこにいる家族や友人が、自分たちと同じように自由になれることを願っています」と語っている。

そして、一八五五年一〇月中旬、フィラデルフィアで全国有色人大会が開催されると、タブマンは初めて奴隷制廃止運動の集会に参加した。ここには、フレデリック・ダグラスをはじめ各地の黒人指導者が参加し、イースタンショア出身の黒人牧師サミュエル・グリーンも参加した。このような機会を通じてタブマンは、次第に全国の奴隷制廃止運動家たちとの交流を深め、単に地下鉄道運動についてだけではなく、奴隷制廃止運動全体について認識を深めていったものと思われる。この大会に参加したトマス・ギャレットは、スコットランドのエディンバラにある女性奴隷解放協会の書記エリザ・ウィンガムに書いた手紙で、タブマンの活動について報告し、彼女は国際的にも知られるようになった。

武装蜂起に誘われたが

奴隷制問題が、全国政治の喫緊の課題になってきていた一八五〇年代後半、ある戦闘的白人奴隷制廃止主義者がタブマンに協力を求めて近づいてきた。のちに、奴隷制打破のために命を捧げ殉教者に奉られたジョン・ブラウンである。

敬虔な清教徒の家庭で育ち、早くから活発な奴隷制廃止活動家だったジョン・ブラウンは、武力によってでも奴隷制を打破することが「神の教えだ」と説いて、一八五六年のカンザスでの奴隷州派と自由州派との武装闘争（「流血のカンザス」と呼ばれ二〇〇名もの死者が出た）に自由州派として参加し、フレデリック・ダグラスにも影響を与えていた。ジョン・ブラウンは、黒人奴隷の反乱を促すことによって奴隷制を粉砕するために、南部で少数の白人と黒人が武装蜂起する計画を早くから持ち、ダグラスにも理解を求めてきていた。

一八五八年一月、ブラウンはマサチューセッツ州とニューヨーク州に資金集めに出かけ、ロチェスターのダグラスの家に三週間滞在し、一〇万人黒人奴隷救出計画を語り、朝から晩までそのことしか話さなかった。しかし、ブラウンがヴァージニア州（現在のウエスト・ヴァージニア州）の連邦軍武器庫があるハーパーズ・フェリーへの武装襲撃について語るとダグラスは、それが成功する可能性を否定し、その計画に賛成しなかった。しかし、ジョン・ブラウンの純粋な信念に敬服していたダグラスは、南部の現地で活動してきたハリエット・タブマンに会うように勧めた。

ブラウンが去ったすぐ後、タブマンがダグラスの家を訪問し、ここに三日間滞在した。そのとき、ダグラスはタブマンに対してブラウンの話を細大漏らさず繰り返したはずである。またダグラスは、タブマンの人となりとその優れた活動に感銘し、彼女が帰ったあとにアイルランド女性反奴隷制協会に手紙を書き、ハリエット・タブマンという人物の優れた活動について紹介し、彼女の名声は大西洋を越えてさらに広まった。

　この間にブラウンは、協力者の確保と資金集めのためにニューイングランド各地を回り、彼の計画を応援するボストン近郊に住む有力な白人奴隷制廃止主義者の「秘密の六人」を組織した。

　そして、ジョン・ブラウンはまもなくタブマンに会うためにセント・キャサリンズに向かった。彼らの会談を仲介したのは、黒人奴隷制廃止主義者ジェレミア・ローグンだった。彼は、セント・キャサリンズのブリティッシュ・メソディスト・エピスコパル教会を訪ね、そこから一ブロック先にあるタブマンの家に向かった。ローグンはブラウンのいるホテルに来て会ってほしいと頼んだが、タブマンは、危険を犯さないほうが良いとして、彼に彼女の家に来て泊まるように勧めた。そして、一八五八年四月七日、彼女の家に仲間が集まり、ブラウンの話を聞く場を持った。

図 26　ジョン・ブラウン（1859 年）

　タブマンとブラウンは、タブマンの家で初めて会った。ブラウンは、身長一七四センチ、やせ形で豊かな白いひげを顎に蓄え、神秘的な鋭い目つきをしていた。その姿は、彼女がすでに夢のなかで見たブラウンの姿そのものだったと、のちにタブマンは語っている。その場に居合わせたのはすべて逃亡してきた黒人奴隷だった。

ブラウンは、武装蜂起の必要性を熱心に説き、「主が私にその大義のためにささげるべしと言っている声を聴いた」と話し、「悔い改めようとしない奴隷主に神の怒りが下る日（黙示録の最後の審判）が近づいた。……奴隷制は殺人と同じだ」と語った。

そして、奴隷解放後に建設される新たな国の憲法を起草するための会議を、近所の町チェイタムで開きたいので参加してくれるよう要請してその場を離れた。ブラウンは彼女の家を出るときタブマンのことを「タブマン将軍！　タブマン将軍！　タブマン将軍！」と三回呼んで握手を繰り返した。その日のうちに彼は息子に手紙を書き、タブマンのことを「彼」という男性代名詞で表記し、「彼はどんな男性よりも優れた指揮官だと思う」と述べている。ブラウンは武器を持って戦えるのは男だけだと信じていた典型的な「家父長主義者」だった。それは当時の時代状況からすればごく当たり前のことだったと思われる。

タブマンはダグラスと同様にブラウンの作戦に疑問を感じた。五月にチェイタムで開かれたジョン・ブラウンの新憲法起草会議には、タブマンをはじめイースタンショアから逃れてきた黒人たちはだれも参加しなかった。タブマンの兄弟や友人たちは「自分たちは奴隷制から抜け出す戦いを十分してきた。ブラウンの夢想に付きあう余裕はない」と語り、ブラウンの実行計画に狂気すら感じ取っていた。

しかし、タブマンは、ブラウンのことをあくまで畏敬《いけい》の念をもって尊重し、そのことが黒人の間でブラウンへの信頼を広げ、ブラウンもタブマンを高く評価し、白人奴隷制廃止主義者の間でのタブマンの評価を高める役割を果たしたともいわれている。五月末、タブマンは、ジョン・ブラウンがいたボストンに行き、そのとき、ブラウンによって著名な奴隷制廃止主義者ウェンデル・フィリップスの家に連れて行かれた。そこでブラウンは彼女を「タブマン将軍です」と紹介した。それが、タブマンがブラウンに会った最後となった。タブマンはブラウンの計画に対して、はっきりとは反対しなかったが、その後、ブラウンが繰り返し彼女と連絡を取ろうとしたにもかかわらず最後まで応対しなかった。

一八五九年一〇月一六日の日曜日、ブラウンと黒人五人、ブラウンの三人の息子を含む白人一六人、計二一人の同志が、ハーパーズ・フェリーの連邦軍武器庫を襲撃した。このとき、タブマンはマサチューセッツ州ニューベッドフォードで病に伏せていたとする説もあるが、本当はどこにいたかわかっていない。

協力しなかった理由

なぜブラウンと行動を共にしなかったのかについて彼女は何も語っておらず、想像の域を出ないが、次のことが考えられる。

まず、確認しておかねばならないことは、タブマンは決して絶対的非暴力主義者ではなく、暴力に反対だったからブラウンの作戦に賛成しなかったのではないことである。彼女は、活動の際に銃を携行することをいとわなかった。ちなみに当時、多くの奴隷制廃止主義者は武力行使を原理的に否定する絶対平和主義者だった。

次に、考えられることは、彼女が独立独行の人だったことである。タブマンのこれまでの行動様式から、彼女がジョン・ブラウンの作戦になぜ協力しなかったかをもっとも的確に推定していると思われるのは、ビヴァリー・ロウリーである。彼女によれば、これまでのタブマンの作戦はすべて彼女の単独指令に基づいていた。その作戦は彼女のなかにある「主の導き」によってのみ決定されてきた。彼女は、自分の意思とかかわりなくブラウンによって決定される作戦には協力できないと感じていた。

そしてもっともありそうなことは、タブマンが、ブラウンの作戦は十分な準備を重ねていないので、失敗を運命づけられていると考えていたに違いないことである。すでに述べたとおり、タブマンは慎重にも慎重を重ね、情報収集を怠らず、十分な準備の下に作戦を実行してきた。それと対照的にブラウンの作戦は、あまりにもずさんなものだった。現地の黒人住民との協力関係は全く構築されていなかった。彼らが最初に殺害したのは、自由黒人の手荷物係へイワード・シェファードだった。現地の住民の支持を得ることのないゲリラ戦は決して成功しないことを彼は理解していなかった。

タブマンがジョン・ブラウンに協力しなかったもうひとつの重要な要因は、タブマンの両親が、ブラウンに不信感を抱いていたことである。彼らは「ブラウンは白人であり、奴隷制について直接知らない。奴隷主の力を軽視している。黒人たちの恐怖がわかっていない。彼は一度逃亡した奴隷が、南部に帰ることがどんなに大変なことか理解していない」と話した。そしてなによりも、彼らは、ジョン・ブラウンが自分の夢を実現させるために、自分の子どもをこのような危険で絶望的な作戦に、なぜ引き込むのか理解できなかった。タブマンの両親は、そのような無謀な作戦でタブマンを含む自分たちの子どもが命を捨てることには絶対反対だった。両親とタブマンの意見は、ほぼ完全に一致していたものと思われる。

当時、タブマンにとってのもっとも重要な関心は、家族の生活を支えるにはどうしたらいいかということと、まだ残されている家族をイースタンショアから一刻も早く救い出すことだった。

ジョン・ブラウンの蜂起が鎮圧され、事件の捜査が進むなかで、ブラウンが最後に陣取った農家のなかからブラウンと関係を持った人物の名前を記した手紙などの文書が多数押収された。そのことがわかり、ダグラスやタブマンは急いでカナダに逃げなければならなくなった。「秘密の六人」の一人ゲリット・スミスは、精神の異常をきたし精神病院に収容された。ブラウンは、自分たちが起こす武装蜂起が、友人たちにどのような危険をもたらす可能性があるかを検討し、事前に周到な手を打った気配がない。

ジョン・ブラウンは、武装蜂起が失敗して逮捕された後、処刑されるまでの間に各方面に感動的な文章を送り、奴隷制に反対する北部の人々の間で、白人でありながら黒人奴隷解放のために命を捧げた「殉教者」として歴史に名を残すことになった。彼が奴隷制打破のための殉教者になりえたのは、その絶望的な武装蜂起の故ではなく、その「死に方」の故だった。

殉教者になったブラウン

彼の武装蜂起の直後、奴隷制廃止主義者からも厳しい批判を浴びていたブラウンが、まもなく、「殉教者」にまで祀り上げられた過程を、宮井勢都子はつぶさに検討している。

彼女によれば、ジョン・ブラウンが死に向かう際に妻メアリーに対してとった態度からは、ブラウンが「男らしく死ぬ」姿を人々に示すことによって「殉教者」となることをなによりも重視していたことが読み取れるという。「処刑前の監獄は、奴隷制廃止のために神に用いられる道具としての自己像を演じる劇場となった」。「襲撃事件の失敗に道徳的な意味を与え、歴史のなかにどう記憶されるかは、ブラウンにとって最後の重要な仕事だった」という。こうして、彼は、国民注視のもと毅然として「男らしい姿で」絞首台に向かった。多くの白人奴隷制廃止主義者たちは、「安全な場に安住していた」自分たちにはできなかった「命がけ」の戦いに挑んだブラウンに対して罪の意識を抱き、彼を「殉教者」として称え、残されたけなげな妻メアリーとその家族の生活を支えることを世論に訴えて、彼の死を奴隷制廃止運動の高揚に最大限利用したというのである。

タブマンは、けっして「安全な場所」に安住してはいなかったし、ジョン・ブラウンに対して「罪の意識」を抱いていたとも思えない。しかし、彼女は、その後もブラウンに批判的なことは一切語らなかった。

奴隷制廃止主義者との交流

タブマンが初めて公然と聴衆の前にあらわれたのは一八五八年のことだった。この年の秋に彼女は有力な奴隷制廃止主義者ゲリット・スミスの紹介状を持ってフランクリン・サンボーンに会いにボストン郊外のコンコードまで行き、サンボーンは、タブマンの人生を紹介する記事を雑誌『ボストン・コモンウェルス』に書いた。

このときタブマンは初めて多くの廃止主義者の前で話をした。奴隷制の残酷な姿を聞きに来た白人聴衆は、彼女のパフォーマンスに度肝を抜かれた。彼女は話がうまかっただけでなく、劇的なパフォーマンスで聴衆を引き付ける能力があった。黒人会話調のアクセントの強い話し方、雄弁で魅力的なジェスチャー、分析的ではなく叙述的な話、劇的な表現、よく響く暖かい声、朗々たる歌声は人々を引き付けた。この年、彼女は奴隷制廃止を主張する人々の小さな世界でのスターになった。人々は、文字を読まず書かない彼女の語りに酔いしれた。記者たちは、その雰囲気を文字では伝えられないので、ぜひ直接彼女の話を聞き、パフォーマンスを見に来てほしいと書いた。

　タブマンが、南部の黒人奴隷コミュニティーの語りの文化そのものを演ずることで、白人聴衆を感動させたのに対し、フレデリック・ダグラスは、講演の際にきちんとした文法に基づいた標準的な英語で堂々と話した。ダグラスに対して、彼が奴隷だったことにより真実味を持たせるために「プランテーションの奴隷なまりの言葉を使うようにしてはどうか」と忠告した白人奴隷制廃止主義者もいた。しかし、ダグラスは、そのようにすることで、自分が白人廃止主義者たちの「操り人形」になったり、「価値ある見世物となる」役割を担ったりすることになると考え、拒否した。

　聴衆を熱狂させ、共感を呼ぶことに成功したタブマンは、クリスマスまでにたくさんの寄付金を集め、セント・キャサリンズの仲間たちの生活の足しにすることができた。

　彼女が資金集めに東部に行くときは、いつも最初にボストン近郊のコンコードにあるサンボーンの家に向かった。タブマンは一八五九年に何度かボストンを訪ね、サンボーンに会っている。また、ボストンの黒人居住区にあった自分の下宿先で、ゲリット・スミス、マーサ・コフィン・ライト、ウィリアム・H・スワード、フレデリック・ダグラスらの紹介を得た人々の訪問を受け、ウィリアム・ロイド・ギャリソンやボストンの女性参政権活動家と交流することができた。ギャリソン派の人々は、ウィルミントンのトマス・ギャレットやフィラデルフィアのルクレシア・モット、ウィリアム・スティルその他の人たちからタブマンのことは聞いていた。こうして個人的なつてを通じて彼女の魅力が広く伝えられるようになった。

タブマンは、ボストンをうろついていた奴隷捕獲人を警戒し、下宿で人に会うことには十分な注意を払った。当時、発明され使用されるようになっていた銀板写真が合図になった。訪ねてきた人に友人の写真を示し、それがだれかを正確にこたえられればＯＫで、この方法で多くの知り合いを作ることができた。

六月中旬、ボストン近郊のウースターにある教会で、著名な奴隷制廃止主義者トマス・ヒギンソンに、彼女はこの時代のもっとも偉大なヒロインだと紹介され、自分の奴隷救出活動について話す機会を与えられた。七月四日の独立革命記念日に、フレイミングハムで開かれたマサチューセッツ反奴隷制協会の集会で講演した際にも、ヒギンソンが彼女を紹介し、講演が終わった時にヒギンソンはタブマンの潔癖さを語り、彼女たちの生活を維持するための寄付を呼び掛けてくれた。

図27　トマス・ヒギンソン

タブマンは、ボストンの黒人居住区を拠点に各地で講演して、ボストン近郊ではかなりの有名人になっていた。そのおかげで彼女はこの年に寄付金二〇〇ドルを集めることができ、それを上院議員ウィリアム・H・スワードへの返済に充てることができた。八月一日には、英領西インド諸島の奴隷制廃止（一八三四年）を祝うニューイングランド有色人市民大会に参加して発言し、自由黒人を西アフリカに植民させる政策に反対する演説を行った。彼女がこのような奴隷制反対運動の路線にかかわる発言をすることは珍しいことだった。

その話の大筋は次のようなものだった。

> ニンニクと玉ねぎを食べさせて牛を育てたために、ひどい匂いのするミルクしか絞れず、売れなかった。しかし、クローバーで育てようにもすでに玉ねぎとにんにくの根はあちこちに飛んでしまっていて、もうクローバーは育ちようがなかった。白人たちは、これまで黒人たちにいやな仕事をさせて、今になって根こそぎアフリカに追いやろうとしている。ニンニクや玉ねぎのように私たちはこの大地に根を張ってしまっている。根こそぎにすることなどできない。

トロイでの逃亡奴隷奪還作戦

タブマンは、一八六〇年四月二七日のボストンの奴隷制廃止主義者の集会に招待され、その途上、彼女の従兄弟にあたるジョン・フーパーが住んでいたニューヨーク州オールバニー近郊のトロイに宿泊した。そこで、偶然、逃亡奴隷チャールズ・ナレが逮捕されたことを知り、彼女は彼を奪還する大衆行動の指揮を執ることになった。

ナレは、一八五八年一〇月ヴァージニア州カルペッパー郡の奴隷主ブラッチャー・ハンスブロウの下から、自由黒人の妻と六人の子どもを残して逃亡してきていた。彼はトロイでパン屋の御者として働いて、妻に送金していたが、逃亡支援の疑いで妻がワシントンDCで逮捕されたとの情報を得た。彼は、弁護士に頼んで妻の救出のために手紙を書いてもらったが、その弁護士が裏切り、ナレがトロイに来ていることを彼の所有者に知らせてしまったのである。

奴隷狩りにやってきたのは、ナレの弟の自由黒人だった。ナレが逮捕され、連邦保安官事務所に収容されると、その噂を聞いた近所の白人や黒人が集まってきた。現場に居合わせたタブマンは、裁判手続きを冷静に待つべきだという意見を退け、ナレを直ちに実力で救出すべきだと主張して、ナレ奪還行動の先頭を切った。全体の雰囲気を決定したのは明らかにタブマンだったと、当地の新聞『トロイ・デイリー・タイムス』は伝えている。彼女は大事な場面で断固たる姿勢を示し、彼女が「自由を与えよ、さもなければ死を」と叫ぶと、群衆三〇〇人が彼女のあとに続いた。群衆がナレを取り戻し、保安官がまた取り戻し、激しく奪い合って最後には群衆が勝った。群衆はピストルを持つ保安官をナイフで脅してピストルを捨てさせた。ナレは、川の船着き場からボートに乗って出発したが、西トロイで再度逮捕され、この地の群衆が再び彼を救出した。裁判所ビルに投石が行われ、そこからナレは脱出し、通りがかりの農民の馬車を奪って、逃走した。その馬車が壊れ、さらに別の馬車に乗って逃げた。新聞は、ナレがついにカナダまで無事に逃亡したと書いたが、実際にはなお近郊の田園地帯に隠れていた。そして、彼は反奴隷制団体が出した金で、奴隷主のハンスブロウから買い取られ自由の身になって、トロイに戻った。この事件で衝突の間に衣服を破られ、怪我をして血を流したタブマンは、その様子を全国紙に報道され、ますます多くの人に知られるようになった。

4 南北戦争開戦と地下鉄道運動の活動停止

リンカンの当選と開戦

一八六〇年春から夏にかけて大統領予備選挙が進められ、四年前にできたばかりの共和党からはエイブラハム・リンカンが候補者に選ばれた。彼は奴隷制のこれ以上の拡大に反対していた。民主党大会では、北部出身のスティーヴン・ダグラスが候補者に選ばれた。彼は、新しく連邦に加わる州が奴隷制を採用するか自由州になるかを住民投票で決めるべきだとする立場に立っていた。彼を受け入れることを拒否した南部諸州の代表が民主党大会から退席し、独自に大会を開いてジョン・ブリッキンリッジを立候補させることを決めた。彼は、奴隷制の全米への無制限膨張を主張していた。南北の間にあるいわゆる境界州は、立憲連合党を組織しジョン・ベルを立候補させた。一一月の本選挙では、リンカンが総得票では四〇パーセントしか得なかったが、選挙人の六〇パーセントを獲得したために大統領に当選した。リンカンの当選直後、一二月二〇日奴隷制擁護の急先鋒だったサウス・キャロライナ州が合衆国から離脱し、翌年に入り南部六州が次々とこれに追随した。

これに対してリンカンのもとで国務長官に就任することが決まっていた上院議員ウィリアム・スワードは、合衆国を分裂させないために南部諸州に対して大胆な妥協案を提示した。その主な提案は一八五〇年逃亡奴隷法を厳密に実施することだった。奴隷制廃止運動に協力的だったスワードのこの提案に奴隷制廃止主義者はショックを受け、地下鉄道運動は大混乱に陥って、もはや活動を継続できなくなった。多くの活動家は姿を隠し、フィラデルフィアの地下鉄道運動を担ってきたウィリアム・スティルは、それまで一〇年にわたって続けてきた活動を停止し、その記録を墓場に隠した。

すでに述べた通り、タブマンの最後のレイチェル救出作戦はリンカンが当選した直後の一一月に行われたが、レイチェルの死亡が確認され、ほかの六人の救出は、かろうじて成功したものの、かつて経験したことのない困難に遭遇した。

そしてタブマンはまもなく白人奴隷制廃止主義者たちの説得を受け入れ、両親の世話を兄弟に頼んでカナダのセント・キャサリンズに身を隠した。

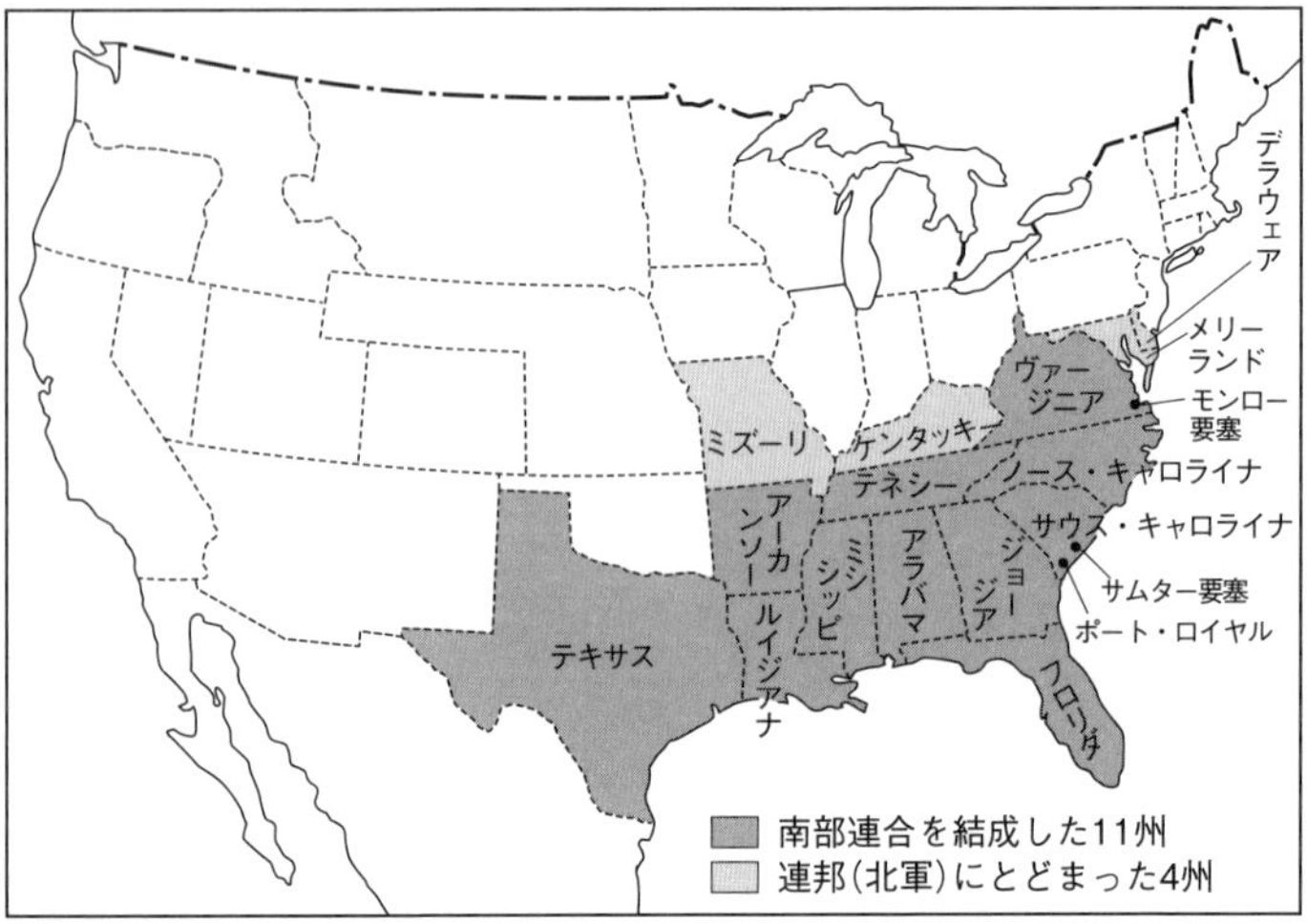

図 28　南部連合諸州

一八六一年三月四日、スワードの妥協案提示の甲斐もなく、リンカンの大統領就任の日に合わせて、南部七州が独自の憲法を採択して南部連合政府樹立を宣言し、南部にあった連邦軍要塞を次々に接収しはじめた。事実上の軍事反乱である。リンカンは、合衆国憲法は州が合衆国を離脱する権利を認めていないという立場をとり、就任まもなく南部連合軍に包囲されながら抵抗し続けていたチャールストン沖の連邦サムター要塞に救援物資を送ることを宣言した。南部連合政府は、これを合図に四月一二日サムター要塞への砲撃を開始し、連邦政府に公然と反旗を翻した。こうしてその後四年間に及ぶ南北戦争がはじまった。開戦直後にさらに上南部四州が、南部連合に加わった。南部連合に加わらなかった奴隷州は、デラウェア州、メリーランド州、ケンタッキー州、ミズーリ州の四州だけだった。

　メキシコ戦争（一八四六―四八年）に反対するために結成されたアメリカ平和協会のメンバーや絶対平和主義者たちはリンカンの戦争開始に際し、方向転換し、戦争を支持した。合衆国憲法を批判してきたロイド・ギャリソンもそのスローガンを取り消し、戦争支持にまわり、フレデリック・ダグラスをはじめ黒人も例外なく開戦を歓迎した。

少女マーガレットの謎

　タブマンは、この時期にセント・キャサリンズとオーバンの間を行ったり来たりして活動を続けた。セント・キャサリンズでは、逃亡奴隷援助協会を設立し、黒人コミュニティーの構築に努め、オーバンに戻って新たな旅にも出た。しかし、開戦時に彼女がどこにいたのかはわかっていない。

　開戦直後の四月末から五月初めにかけて、彼女は、「マーガレット・スチュアート」と名付けられた薄茶色の肌をした一〇歳ほどの小太りの少女を連れてオーバンに戻ってきた。そのときタブマンは、この少女をタブマンの弟ベンの娘だと説明した。しかし、このマーガレットが何者なのかは今日もなお謎のままである。

　南北戦争の話に入る前に、ここでは少々横道にそれて、「薄茶色の肌をした少女マーガレットの謎」を少々追ってみたい。当時の黒人社会内部の人種意識の深刻な一面を垣間見ることができると思われるからである。

タブマンはこの少女を当時オーバンに逃げてきていた弟ベンのもとには返さず、オーバン出身の上院議員ウィリアム・スワードの妻フランシスの妹ラゼッタ・ウォーデンに預かってほしいと頼み込んだ。そもそもそれが第一の謎だが、タブマンはそれについては何も説明していない。ラゼッタはオーバンに彼女自身の家を持っていたが、スワードが留守で妻フランシスが残っている間は、スワードの屋敷で暮らしていた。そのため、マーガレットはここでラゼッタに育てられることになった。マーガレットは召使として雇われたのではなく客人として迎え入れられ、白人中産階級の教育を受けた。

マーガレットの娘アリス・ルーカス・ブリックラーは、一九三九年当時タブマンの伝記を書いていたアール・コンラッドに求められ、母親から聞いた話を手紙で書いている。

それによれば、マーガレットは奴隷だったことはなく、比較的裕福な黒人家庭で育ち、家族と引き離されてタブマンによってイースタンショアから「誘拐」されてきた。

しかし、「奴隷だったことはなかった」との証言は、「マーガレットはベンの娘」とのタブマンの説明とは食い違う。ベンは奴隷だったし、その妻が自由黒人だったという記録はないからである。

アリスの証言には、「誘拐」という言葉を使うなどタブマンに対する厳しい感情がむき出しに表れている。そこには、マーガレットがスワードの家庭で特別に育てられ、その色の白さを誇示する姿がタブマンの家族に嫌われ、感情的対立を引き起こしていたことがうかがわれる。マーガレットが、タブマンの家族のなかで特別扱いを受けたことは、周りの家族からねたまれ恨まれる原因となった。アリスは、母親マーガレットのことを良くは書いていない。彼女は、良い教育を受け上等な服装をし、スワードの家族の一員として扱われていた。しかしマーガレットの娘アリスは、マーガレットと同じように「白人社会」で暮らすことはできず、「黒人社会」で暮らさざるを得なかった。タブマンの家族もマーガレットのことが嫌いだった、とアリスは書いている。タブマンの死を悼んで一九一四年に設置されたブロンズ記念碑の除幕式典で除幕者に指名されたのがマーガレットの娘だったことを、タブマンの家族は悔しがったと言われている。

図29　マーガレット・スチュアートとその娘アリス・ルーカス

　マーガレットの親がだれだったかはいまだ謎のままである。弟のベンは、一八五四年にイースタンショアから逃げてきたときに二人の息子ベンとデイヴィッドを残してきた。そのうちの一人は一八四九年生まれで、それはマーガレットの出生年とほぼ同じだったから、二人は二卵性双生児だった可能性もある。しかし、だとすればなぜオーバンにいたベンは、マーガレットを自分の子どもとして引き取らなかったのか。ベンはイースタンショアに妻子を残して逃亡してきて、一緒に逃げて来た婚約者ジェイン・ケインとオーバンで再婚し、子どもも生まれていたから、前妻の子どもを受け入れたがらなかったのかもしれない。タブマンがその事情をすべて飲み込み、彼のもとに戻さなかった可能性はあるだろう。

マーガレットがタブマンの娘だった可能性も考えられる。タブマンが子どもを産み、その身分が奴隷になることを憂えて、ほぼ同時期に子どもを産んだボルティモアの自由黒人女性に託して、たとえば双子だと称して育ててほしいと頼んだ可能性はないか。妊娠したことを隠したり、死産だったと嘘をついたりすることは可能だった。アリスは、母親はイースタンショアで生まれたと聞いていると書いているが、彼女の死亡証明書にはボルティモア生まれとある。しかし、いずれもたしかな証拠とは言い難い。また、タブマンが子どもを産んだ直後に逃亡の旅に出たことも考えにくい。

タブマンが逃げたのちにボルティモアでマーガレットを出産した可能性はある。一八五〇年一二月、タブマンはボルティモアにいた。タブマンが、姪のケシア・ボウリーと夫のジョン・ボウリー、子どものアラミンタとジェイムズの逃亡を手助けしたのはこの時期だった。ボルティモアの波止場には、自由黒人の近親者や友人がたくさんおり、このようなことは十分起こりうることだった。アリスは、前述のアール・コンラッドへの手紙インタビューで、マーガレットがタブマンととても似ていたと述べている。

もしマーガレットがタブマンの子どもだったとしたら、なぜタブマンが自分自身の子どもについて隠したのかについてはいくつかのもっともらしい理由が考えられる。逃亡奴隷だったタブマンは、フィラデルフィアで捕まるかもしれない状態で娘を育てるよりは、ボルティモアの自由黒人の子どもとして育てるほうが良いと感じていたのかもしれない。

タブマンは、彼女の周りの白人中産階級支持者が、もし彼女に父親がはっきりしない娘がいることを知ったら好ましくない反応をするだろうと感じていた可能性もある。白人男性による黒人女性に対する頻繁なレイプは、黒人女性を性的にみだらにしてしまったという観念が白人社会を強く支配していた。タブマンは、白人中産階級の人々と多く付き合っていたので彼らの観念をよく知っていた。

地下鉄道の運転停止

タブマンはマーガレットをスワード家に預け、再度イースタンショアに入る作戦を準備するためにマサチューセッツに向かった。開戦からしばらくしてマサチューセッツに入ったタブマンは、当時まだイースタンショアに残された親戚を救出するための資金を求めていたが、なかなか必要な金が集まらなかった。しかも、戦争がはじまり地下鉄道運動組織は衰弱し、協力してくれる人は見当たらなくなっていた。

イースタンショア地方では連邦（北軍）派が強力だったが、開戦後、連邦に属するマサチューセッツ州の部隊がボルティモアを通過したときに、この部隊は離脱派（南軍）からゲリラ攻撃された。地元の白人の多くが南軍に加わるために州から脱出し始めていた。連邦から離脱しなかったメリーランド州の状況は不安定で、州内の両派が一触即発の状態で向き合い、タブマンは不用意にはメリーランド州には入れなかった。もはやイースタンショアでの黒人救出作戦はあきらめざるを得なかった。

第三章　南北戦争への従軍（一八六一―一八六五年）

南北戦争が始まると、タブマンは南部の戦場に出かけ、現地の黒人と連邦軍（北軍）との橋渡し役を務め、黒人奴隷を連邦軍のもとに逃亡させる軍事作戦で重要な役割を果たすとともに、黒人志願兵の支援や看護にも取り組んだ。

二七歳で北部に逃亡し、四三歳のときに南部で終戦を迎えるまで、約一六年間、タブマンは何度か病に倒れることはあったが、そのつど再起し、休むことなく、黒人奴隷制に立ち向かって闘い抜いた。その間に彼女は、「黒いモーゼ」あるいは「タブマン将軍」と呼ばれ、「決して失敗しない」神秘的な存在として知られるようになっていた。

1　戦場に向かったタブマン

連邦軍（北軍）要塞でのヴォランティア活動

イースタンショアに行くことをあきらめたタブマンは、一八六一年五月、マサチューセッツ州の部隊とともにひそかに行動し始め、ベンジャミン・バトラー将軍について連邦軍（北軍）[1]が掌握していたヴァージニア州モンロー要塞に向かった。バトラーは、当初は、それほど親黒人的ではなかったが、その後、戦場での黒人兵の活躍を見て感動し、大きく変化したといわれている。

北軍の前線が近づくと近隣の奴隷たちは、混乱のなか、所有者の下から逃げ出して、はじめはメリーランド州の州都アナポリスに逃げ込んできた。しかし、メリーランド州は奴隷州ではあったが連邦にとどまっていたため、北軍は、メリーランド州で「私有財産」と認められていた奴隷を奴隷主から奪うことはできなかった。そのため、奴隷たちはヴァージニア州のモンロー要塞に集まってくるようになった。ヴァージニア州は南部連合に加わっていたので、北軍は、奴隷が南部連合軍（反乱軍）に徴用・徴兵される可能性があることを根拠に、逃げ込んできた奴隷は、没収された南軍の武器・弾薬と同様の「戦利品」だとみなして、彼らを北軍に「接収」したという論理を適用することができた。バトラー将軍は、ここに到着すると、北軍将軍として初めてモンロー要塞に逃げ込んできた奴隷たちを奴隷主に返還せず、「戦利品」として接収し解放した。

モンロー要塞には、開戦三カ月後には約一〇〇〇人の黒人が居住するようになっており、次の年の二月には、三倍に膨れ上がっていた。南部連合政府が支配する地域からの脱出は、奴隷主からの一斉逃亡であり、黒人奴隷の蜂起だともいえた。

タブマンは、彼らを受け入れ、世話をして、彼らに連邦軍に貢献してもらうためのヴォランティア活動に従事した。

海上封鎖の拠点ポート・ロイヤル

北軍の重要戦略のひとつは、南部の主要港湾を海上封鎖し、海外からの物資供給に多くを依存していた南部経済を締め上げることだった。一八六一年一一月七日、北軍が南軍支配下のサウス・キャロライナ州ポート・ロイヤルの二つの要塞を制圧し、ここに、なお南部連合政府が支配していたサウス・キャロライナ州、ジョージア州、フロリダ州を管轄する軍管区を設置した。戦略的に恵まれた停泊港であるポート・ロイヤルは外部からの物資の供給が可能で、北軍艦船のための貯炭場、船舶修理工場が建設された。こうして、この港は、南軍が握っていたチャールストンやサヴァンナ、フロリダ州大西洋岸への攻撃の拠点となった。そしてこの半島は、この近辺ではもっとも安全な黒人奴隷の逃げ込み先になっていた。

---

(1) 南北戦争は、連邦政府の支配に対して、南部連合政府を結成した南部一一州が、武力で独立をはかろうとして始まった内戦であり、ほかの南部四州は、南部連合政府に参加しなかったので、この戦争は厳密にいえば、「南部」と「北部」の戦争ではない。しかし、日本では、「連邦軍」という表現はあまり馴染みがなく「北軍」とよんだほうがわかりやすいので、ここでは主に「北軍」という用語を用いることにした。

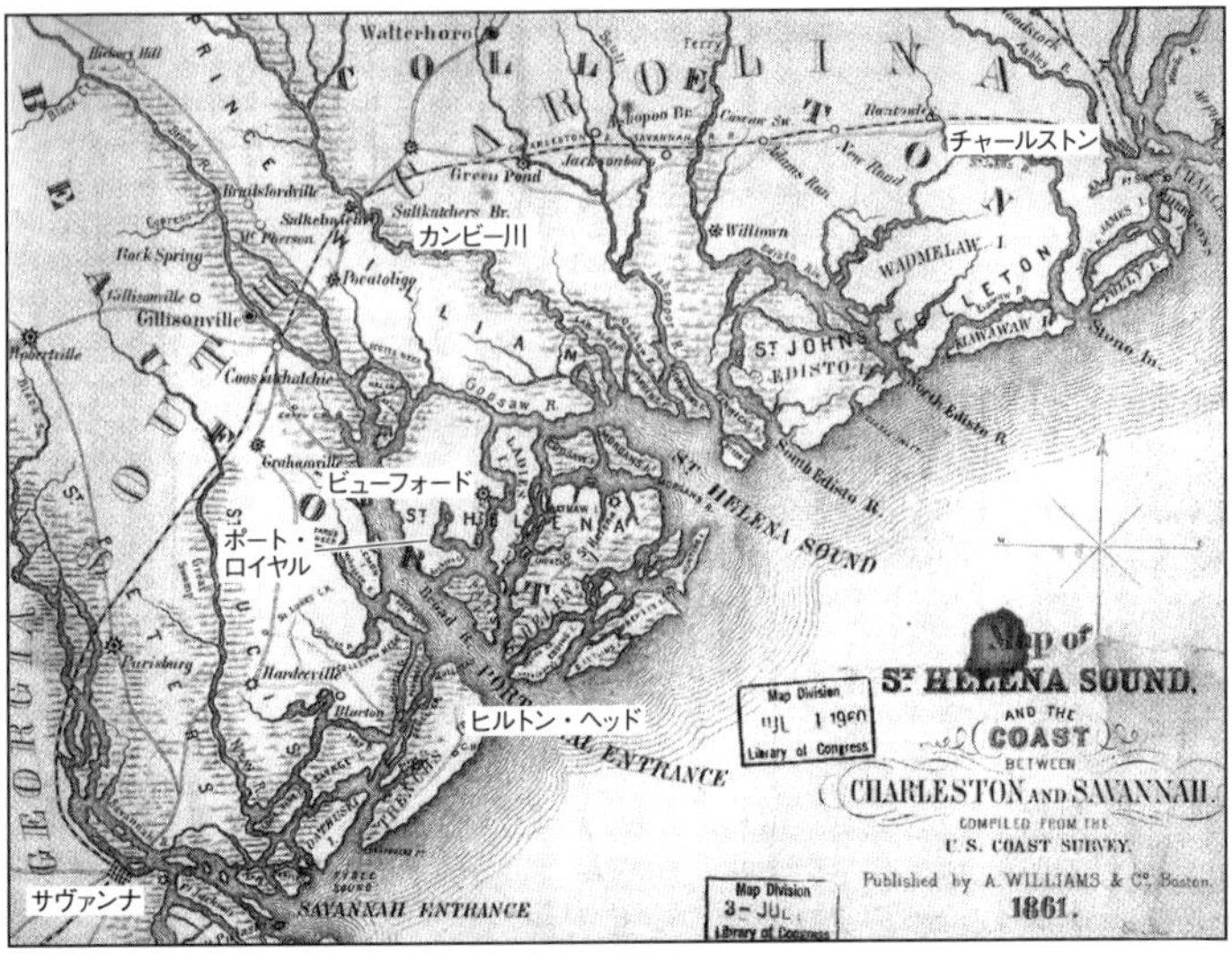

図30　チャールストンからサヴァンナまでの海岸地帯

南軍は、一部の拠点を残して海岸沿いから撤退して内陸部に後退した。海岸地帯を迂回してチャールストンとサヴァンナの間には鉄道が走っていたが、南軍はこの補給路を失えば、これらの二つの拠点都市は物資供給を絶たれ孤立する可能性があるため、鉄道沿いに砲台や塹壕、歩哨駐屯地を設け防衛しようとした。しかし、この地域では、初夏から秋にかけて黄熱病やマラリアなどの伝染病が猛威をふるうことが多く、常時人員を配置することが難しかった。南軍は、その時期には馬での見回りですませ、いざという時には伝染病にかかりにくい場所に駐屯していた比較的大きな部隊を出動させる作戦をとった。

南部管区担当責任者としてヒルトン・

ヘッドに駐屯していた北軍のデイヴィッド・ハンター将軍は、一八六二年四月一〇日にサヴァンナ川河口のパラスキ要塞を砲撃し、三〇時間以内に降伏させた。こうして北軍の海上封鎖の支配下に入ったサヴァンナには、海上からの物資の供給はできなくなり、チャールストンと結ぶ内陸部の鉄道によってしか南軍の人員・食料・その他の軍事物資を運べなくなった。海上に開かれていた南東部の港で南軍に残されていたのはチャールストンとノース・キャロライナ州のウィルミントンのみとなった。

「ポート・ロイヤルの実験」の先頭に立つ

北軍のウィリアム・T・シャーマン将軍は、一八六四年秋、ジョージア州アトランタから南東部を縦断し海岸地帯に至る焦土作戦によって、サウス・キャロライナ州、ジョージア州、フロリダ州を支配下に置き、南北戦争を北軍の決定的勝利に導いた人物として有名である。南東部の作戦責任者として早くから、奴隷制解体後の混乱を最小限に抑えるために手を打っていた。彼は、一八六二年一月、サウス・キャロライナ州の占領地でプランテーションを管理し、黒人を教育・訓練して自立させるために、ヴォランティア活動家を送るよう連邦政府に要請していた。サウス・キャロライナ州には、占領地域の綿花の収穫・輸送方法を知っている北軍軍人はいなかったので、プランテーション経営を指導できる者が集められた。その結果、この年に北軍が接収した綿花を二〇〇万ドルで売却することができた。

まもなく、ボストン、ニューヨーク、フィラデルフィアなどの都市で、教師を派遣したり、衣服、書籍、現金、その他の物資を送ったりする教育・救済団体が組織された。

一八六二年一月、タブマンは、ギャリソンら奴隷制廃止運動の指導者とともにマサチューセッツ州知事ジョン・アンドルーに会いに行った。そこで、地下鉄道運動での経験で鍛えられた指導力、北部やカナダで築き上げた支援ネットワークの構築など優れた活動のゆえに「黒いモーゼ」と呼ばれるようになっていることが紹介され、敵地での情報収集活動に最適な人物だと推薦された。アンドルー知事は、さっそくタブマンをポート・ロイヤルの北八キロにあるビューフォートに派遣する手はずを取った。

北軍にとって、南部の現地で多数を占める黒人住民の支持をえて状況を把握しなければ、軍隊のキャンプ運営をはじめ戦場での戦闘準備は困難だった。北部諸州の出身者で構成されていた北軍には、南部の黒人の状況を直接知っている人材はごく少数で、タブマンの知識や経験が貴重であることが認識されていた。タブマンは、現地の黒人たちが話す「ガラ」と呼ばれる独特の言語を理解することはできなかったが、メリーランド州の海岸地帯の黒人の状況をよく知っていた。そのため彼女は、北軍に対する現地の黒人たちの警戒心を解き、彼らからの協力を得るうえでは、他の人々と比べはるかに適任だった。

この年の初夏、タブマンは法的にはなお「逃亡奴隷」であり、マサチューセッツ州で組織された九〇人の分遣隊に正式には加わらなかった。しかし、彼らとともにポート・ロイヤルに向かうことになった。彼女は当地に出向く前にダグラスら奴隷制廃止運動家たちに挨拶し、両親の面倒を見てもらう体制を整えて出発した。

タブマンは連邦政府専用船に乗って南部に向かうことを指示されたが、まだ逃亡奴隷として南部で捕獲される可能性を恐れていた。また、黒人女性を召使としてしか乗船させない連邦政府専用船の慣習を嫌悪してもいたので、この船には乗らなかった。彼女は、独自にボルティモアに向かい、戦闘的奴隷制廃止主義者デイヴィッド・ハンター将軍についてポート・ロイヤルを経てビューフォートに落ち着いた。

はじめ彼女は斥候・スパイの仕事をするはずだったが、現地につくと、マサチューセッツ州とニューヨーク州から届いた衣服などの支給品を配布する仕事を割り当てられた。実際には軍が彼女の本当の任務をカモフラージュする目的でそうした可能性もある。彼女には軍隊のなかでの正式な地位が与えられず、給料支払い規定もなかった。このことはのちに彼女の軍人恩給支給に重大な障害となった。

タブマンは、北部からやってきた最初の黒人ヴォランティアの一人だった。到着直後からすることがたくさんあった。まずプランテーションで働いていた解放黒人を賃労働制に編入する仕事に取り組んだ。これは「ポート・ロイヤルの実験」と呼ばれ、その後の南部社会再編のモデルとする目的で始められた。彼女は、軍から二〇〇ドルを支給されて洗濯施設を作り、解放された黒人女性を訓練して北軍兵士のための洗濯をさせた。

北軍占領地域の現地黒人女性は、北軍兵士の性的攻撃にさらされる危険があった。北軍の白人兵士の大半は、当時のアメリカ社会に蔓延していた人種差別、女性差別の偏見に汚染された「ごく普通の白人男性」だった。女性史の立場から奴隷制研究を進めてきたキャサリン・クリントンは、この地域で北軍兵士の性的要求を拒んで撃たれて入院した黒人女性が何人もいたこと、タブマンが、本人が希望すれば女性を北軍兵士から逃れられる施設に収容するよう取り計らったことに注目している。

タブマンは当初、政府物資の支給を受けていたが、まもなく受け取ることをやめた。同じ黒人でありながらタブマンが白人将校から特別扱いを受けているのを見て、地元の黒人たちが彼女を警戒しているのを感じとったからである。彼女のここでの第一の役割は、現地の黒人住民から北軍への信頼を勝ち取ることだったことを、タブマンは自覚していた。

この地域にいた黒人たちは、独特の言語と文化の下で育っていた。一八〇八年に海外からの奴隷輸入が禁止される直前に、この地域にはアフリカの特定の地域出身の黒人奴隷が集中的に輸入され、ここではその後も黒人人口比が高く、一八六〇年ビューフォート郡の黒人は全人口の八七パーセントを占めていた。ここからの黒人奴隷の外部への流出は少なく、別の地域からの奴隷の輸入も限られていたために、この地域では彼らの独自の文化が維持されやすかった。外部の言語とは異質の独自の「ガラ」と呼ばれるアフリカ的言語が用いられ、踊りの形式も独特なものだった。

この場所で現地の黒人たちとの良好な関係を築き、活動しやすくするために、タブマンは自分で稼ぐ道を探した。パイやルートビア（ほとんどアルコール分のないコーラに似た飲料）を作って販売し、縫物やパン焼きで稼いだ。そして、洗濯場、調理場、軍病院を運営しながら解放民たちに賃労働、売買、貨幣、紙幣について教えた。

白人ヴォランティアが、日常的に現地黒人住民と一緒に暮らすことは実際には不可能で、彼らは、監督官や指導者の位置にとどまるほかはなかった。それに対して、タブマンは、現地人の言語「ガラ」を理解できなかったとはいえ、現地人と同じ場所で寝泊まりし、同じ作業をしながら、歌や踊りを通じて彼らのなかに溶け込むことができた。彼女は異なった文化を持つ現地の黒人たちと北軍との橋渡し役を務めることができたのである。それこそが北軍が彼女に期待した任務だった。

彼女は日々増えてくる傷病兵の世話に忙しかった。戦闘はわずかしかなかったが、蚊の大群が生息し、不潔な水・食料、換気の悪さなどのために天然痘、赤痢、はしか、マラリア、チフス、赤痢、慢性的下痢、黄疸、肺炎が蔓延し、多数が命を落とした。蚤《のみ》、ハエ、蚊、その他の害虫は耐え難いもので、北部からやってきたヴォランティアも次々と倒れた(2)。医療用

（2）南北戦争中の死亡者南北合計六〇万人のうち、戦闘中の死亡者は二〇万人強にすぎず、その他は、戦場や病院、捕虜収容所での病死だった。

にさまざまな薬草、バーボンやキニーネが使われた。

タブマンが世話をしたのは主に黒人兵だったが、白人兵の面倒を見るように頼まれることもあった。のちに軍人恩給支払い要求裁判で、現地の軍医ダンカン医師は、このときに彼女が立派な仕事をしたと証言している。昼間は病人のために薬草を煎じて飲ませ、夜はパイ、ジンジャー・ブレッド、ルートビアを作り、朝早く起きて病院を見回った。そのような仕事に対して彼女は一切給料を受け取らなかった。

この活動は、まもなくニューイングランド解放民支援協会の公的活動と認められ、そのために資金が募られた。タブマンは、「家政経営」の教師に指名され、毎月活動報告を求められたが、書くことができなかったので他人に報告書を代筆してもらった。

タブマンは当時、北軍が正式に給料を支給しなかったことを不当だと考えていた様子はなく、むしろそれは彼女の活動をしやすくするためだと考えていたようである。しかし、そのために、彼女は正式に連邦軍に所属していなかったとみなされ、戦後、長いこと軍人恩給が支払われなかった。

第一サウス・キャロライナ黒人志願兵連隊

一八六二年五月一七日、現地の総指揮官デイヴィッド・ハンター将軍は、「ポート・ロイヤルの黒人はすべて自由だ」と宣言し、さらに自分の軍管区であるサウス・キャロライナ州、ジョージア州、フロリダ州のすべての奴隷も自由だと宣言した。そして、現地の黒人を募って第一サウス・キャロライナ黒人志願兵部隊を創設する準備に取りかかった。

しかし、現地の黒人たちの多くは、家族と再会し、新たに得た自由を享受したいと思っていたから、募兵に応じて家族と別れることを望まなかった。タブマンによれば、彼らは、北軍の白人を白人奴隷主と同じように恐れ、罠にかけようとしているのではないかと疑った。北軍のもとに逃げてきていた近隣の黒人のうち一八歳から四五歳までの健康な男子五〇〇人がヒルトン・ヘッドに集められたが、彼らは、まとめてキューバに送られて売られるのではないかと恐れていた。奴隷主たちが、北軍が近づいてくると、「ヤンキー（北部人のこと）はお前たちをキューバにつれていって売り飛ばすつもりだ」と吹き込んでいたからである。軍隊から給料の話も示されていなかった。給料がなければ、彼らの家族は自分たちで稼がなければならなかった。徴募がうまく進まないのを見てハンター将軍が強制徴募しようとすると、一層不信感が広がった。ハンターの募兵を連邦政府は認可せず、三週間の訓練ののち黒人兵は家に帰された。(3)

これまではリンカン政権は、連邦軍への受け入れを求める黒人たちの要求に対して、「この戦争は白人同士の戦争だ」として、彼らの軍隊への編入を拒否してきた。ところが、リン

---

(3) ちなみに年齢が正確にわかっている者はほとんどいなかった。

カンは世論に押されて一八六二年七月、閣議に奴隷解放宣言構想を提示した。この月、連邦議会は反乱者財産没収法を成立させ、逃亡してきた黒人奴隷を軍隊が賃労働者として雇い、永久に自由とすることを決めた。それと同時に、黒人志願兵部隊の編成が正式に承認された。

八月一六日、陸軍長官エドウィン・スタントンは、勝手に黒人部隊を編成しようとしたデイヴィッド・ハンター将軍を解任して、ルーファス・サクストン将軍に兵員五〇〇〇人以内の黒人連隊の編制と彼らのための武器・弾薬・軍服などの装備を用意するよう命じた。そして一一月には、最初の黒人部隊である第一志願兵連隊の編成を完了し、その司令官にジョン・ブラウンの蜂起の後援者「秘密の六人」の一人で、タブマンの熱心な後援者だったトマス・ヒギンソンを招いた。一一月二四日には、ヒギンソンがビューフォートに到着し、ここで彼は、訪ねてきたタブマンのあいさつを受けた。

リンカンの奴隷解放宣言

一八六二年九月二二日、リンカンは「一八六三年一月一日の時点で反乱状態にある地域の奴隷はすべて解放する」との奴隷解放予備宣言を発した。この宣言は、連邦にとどまっている地域の奴隷制には手をつけないとして境界州を安心させ、期限までに反乱をやめれば、南部の反乱州の奴隷制も維持されうると保証し、「奴隷制問題に関する決定権は各州にある」との従来の憲法解釈にとどまっていた。北軍の占領地域では奴隷制は事実上崩壊しており、南軍が期日までに降伏しなかったので、この戦争は、この日から事実上、南部反乱州の奴隷を解放する「奴隷解放戦争」に変わった。

奴隷解放宣言の狙いは、奴隷の逃亡や彼らの北軍への協力を促進して、奴隷に多くを依拠してきた南軍の人的・経済的基盤を揺るがし、同時にイギリスからの介入を避けることだった。イギリスは、綿花を南部から大量に輸入し、繊維関連産業の利益集団が大きな政治的影響力を持っていたので、南部への共感が強かったが、イギリス政府は、南部連合政府の協力要請にあいまいな態度をとり続けていた。実は彼らはエジプトやインドからの綿花輸入を増やし、アメリカ北部にも投資し、この地域の農産物も輸入していた。また自国のカリブ海域植民地奴隷制を廃止していたのに、奴隷制擁護を目的とする南部の戦争を支持することには、世論の抵抗があった。イギリスの労働者のなかには、イギリス政府の南部連合への協力に反対して大衆的示威行動に参加するものも少なくなかった。

しかも、南・北のどちらが勝ちそうか、まだその形勢が見えなかったので、イギリス政府ははっきりした態度をとれなかったのである。当時のイギリスは、世界最強の経済力・軍事力を持つ帝国

図 31　リンカン大統領

だったが、それでも、本国から数千キロも離れたアメリカでの戦争に介入するには「勝ち馬に乗る」戦略をとる必要があった。イギリスは、アメリカに軍隊を派遣して「独立戦争」や「英米戦争」(一八一二年)を戦ったが、いずれも敗北を経験している。しかし、まもなく北軍の反撃が功を奏し始め、奴隷解放宣言が出されると、もはやイギリスが南部を支持して介入する可能性はなくなった。

一八六三年一月一日、ポート・ロイヤルでは、サクストン将軍の下で、解放宣言祝賀行事が大々的に執り行われた。近隣地域から四〇〇〇人もの解放民(奴隷身分から解放された人々)が着飾って馬やラバなどに乗って、ポート・ロイヤルに集まってきた。そして、二五年前に自分の奴隷を解放した地元出身の牧師ウィリアム・ブリスベインが解放宣言を読み上げ、ヒギンソンが黒人部隊に星条旗をささげた。祝いの食事として一二頭の牛がふるまわれ、お祈りと演説、讃美歌が続いた。三時間の儀式の終わりには、兵士たちの「ジョン・ブラウンの屍を乗り越えて」(「リパブリック賛歌」の替え歌)が自然発生的に鳴り響いた。

2 カンビー川攻略作戦で奴隷を多数救出

敵地の情報収集活動

一八六三年一月七日、タブマンは情報提供者に支払うために一〇〇ドルの資金を軍隊からもらって情報活動を始めた。彼女は、洗濯場や調理室に集まってくる地元の黒人のなかから、内陸部出身の黒人についてよく知っている人物を集めて協力を求めた。

南軍支配地域のもっとも肥沃な稲作プランテーション地域攻略には、カンビー川両岸の南軍護衛部隊を掃討《そうとう》する必要があり、そのためには北軍の砲艦にこの川をさかのぼらせねばならなかった。それを阻止するために南軍は魚雷を設置し、歩哨を立てていた。当然、現地の黒人奴隷たちは、南軍がどこに魚雷を埋め、どこに歩哨を立てているかをよく知っていた。

大規模稲作プランテーション地域

ここで北軍がこれから出撃するカンビー川両岸の当時の様子を描いておこう。川幅はそれほど広くはなく、両岸に葦などの背たけの高い植物が生い茂り、水辺までの距離はかなりある。

一七世紀末稲作が、この地方に導入され、以後、稲作プランテーション農業は、サウス・キャロライナ州のジョージタウンからチャールストンを経てジョージア州サヴァンナに至る大西洋岸地帯で展開されてきた。当時アメリカで生産されたコメの半分は、国内で消費され、残りの半分はヨーロッパやカリブ海域に輸出されていた。

この地域の稲作プランテーションは、稲作を経験してきた西アフリカのセネガンビアやシエラ・レオネ出身の奴隷たちに栽培、収穫、脱穀の技術を依存していた。それは、河川中流以上に堤防と水路、水門を建設し、潮の満ち引きを利用して淡水を水田に導入する土木工事を必要とする大規模なものだった。満ち潮の際に海水面が上昇し、このときに上流からの淡水の水位も上がり、これが堤防のなかに引き入れられ、引き潮になると水門が閉じられて、淡水をはった水田があらわれる。そして必要なときに水門が開けられ、水が抜かれて鍬《くわ》入れが行われる。これは西アフリカの稲作農民たちが開発した技術だった。大量の水、しかも塩分のない淡水を必要とするために、稲作は、海岸線から一〇キロ程度遡らなければできなかった。その下流域では、独立革命後インディゴ（染料）に代わって導入された「海島綿」と呼ばれる繊維の長い上質な綿花が栽培されていた。

カンビー川流域には、「稲作貴族階級」と呼ばれる大プランター勢力が根を張っており、彼らはサウス・キャロライナ州の結束した少数エリート支配政治の中核的な担い手だった。彼らは蚊や蚤などの害虫、毒蛇がはびこり、伝染病が猛威をふるうこの水田地帯を避け、奴隷監督に奴隷の管理を任せて、自らはチャールストンなどの都会に屋敷を構えることが多かった。奴隷たちは、三月に種を植え、続いて水抜き、鍬入れ、水入れ、水抜き、鍬入れの作業を八月まで繰り返し、収穫を終え、脱穀、そして、次の年のための水路の修復作業を行ったが、多くの場合、それぞれの奴隷家族に一定の作業が割り当てられ、自発的な相互の助け合いなど奴隷自身の自律的労働も行われていた。割り当てられた作業が終われば、残った時間をそれぞれの家族が食糧生産など「自分たちのための労働」に自由に充てることができる

「タスク・システム」と呼ばれた労働制度が採用されていた。

奴隷主にとってはこのシステムは、奴隷への食糧供給や奴隷監督コストを節約でき、伝染病地域に住まなくてすむメリットがあった。黒人奴隷の多くには免疫があり、マラリアや黄熱病に伝染しにくかった。奴隷たちは、白家菜園での作物や家畜・ニワトリ・卵を奴隷主に売ったり、奴隷主の許可を得て市場で売却したりする自由があり、それで得た金で馬、牛、家具、狩猟用の銃を購入することもあった。彼らには水田・水路の建設・補修などの土木作業での共同労働の習慣もあり、奴隷解放以前に集団での自己管理能力をかなり身に着けていた。

カンビー川の河口からおよそ一〇キロ上流にのぼると、川沿いに幅約二キロにわたって上流まで長さ一〇キロ以上に及び広大な水田が広がっていた。右岸には、ニコル・プランテーション、ラウンズ・プランテーションに続いてヘイワード・プランテーションがあった。このヘイワード・プランテーションは、近隣の一七カ所でプランテーションを経営していたナサニエル・ヘイワードのもので、彼は、一八五〇年代には二〇〇〇人を超える奴隷を所有し、サウス・キャロライナ州の結束した少数エリート支配政治の中心に位置していた。ヘイワード・プランテーションの対岸には、ミドルトン・プランテーションが広がっていた。

タブマンは、ニューヨークから北軍部隊とともにやってきた黒人ウォルター・D・プラウドゥンと協力して行動し、現地の黒人水先案内人ソロモン・グレゴリーを含む約一〇名で情報部隊を組織して、この土地の情報を収集する活動に取りかかった。現地の川の流れや島、水路、湿原などの様子は故郷のドーチェスター郡のそれとかなり類似していた。プランターたちがどんな心理状態なのかも現地の黒人たちから聞き出した。

陸軍長官エドウィン・M・スタントンは、黒人を白人の上に立つ司令官に任命することには否定的だったが、彼らが命の危険を冒して北軍のスパイとして活動することには反対しなかった。タブマンは、収集した情報をデイヴィッド・ハンター将軍や、ルーファス・サクストン将軍に直接報告した。

北部の反リンカン・親民主党的新聞『ニューヨーク・ヘラルド』が一八六三年五月ヒルトン・ヘッドにいる黒人部隊がまもなく遠征に出発しようとしているとの記事を掲載すると、南軍がこの情報を流し、五月二六日には、チャールストン・サヴァンナ鉄道を守っていたマクファーソン・ヴィルの南軍キャンプから警戒警報が発せられた。翌二七日には、各鉄道駅に近隣のプランターに宛てて奴隷を連れて内陸部に退避するようにとの告示が出された。稲はまさに生育の真最中だった。作物を収穫することになっている奴隷たちを連れて避難すれば、今年の収穫はゼロになってしまうし、そのまま避難せず北軍が攻めてくれば奴隷たちは北軍の下に逃げ出すだろう。

カンビー川作戦での活躍

広い平地のなかを流れるカンビー川での作戦は、昼間は、軍艦の煙が遠くから見えてしまうため、航行は南軍に狙われる危険があり、満月の夜に行われた。カンビー川は、狭くて浅く、曲がりくねっていて泥沼が多いため、斥候の慎重な道案内なしには進めなかった。

一八六三年、高温多湿のサウス・キャロライナ州の夏が始まっていた六月一日、タブマンは軍事作戦を準備し、参加した最初の女性となった。タブマンは、司令官モントゴメリー大佐に対するアドヴァイザーとして、ポート・ロイヤルからカンビー川に沿った内陸部への約四〇キロの進撃を案内した。黒人船員のネットワークを使った情報収集によって、タブマンは南軍の配置や魚雷の位置を詳しく知らせることができた。

夜陰に紛れて三隻の砲艦、ジョン・アダムズ号、ハリエット・A・ウィード号、センティネル号がビューフォートの埠頭を静かに出港した。サウス・キャロライナ部隊、ロード・アイランド部隊から約三〇〇人の黒人兵が乗り込んだ。しかし、センティネル号は出航まもなく座礁し、ここに載せられた兵士と物資はほかの二隻に移され、再出発した。アダムズ号が先に進み、ウィード号は、約四〇〇メートルの距離を置いて続いた。タブマンは、斥候をつとめていたプラウドゥンと一緒に、モントゴメリーその他の士官が乗っていたアダムズ号に乗船した。魚雷の位置をしっかりと確認しながら、二隻は事故なしに川を遡ることができた。

カンビー川の河口から上流に約八キロのぼると右側にフィールズ・ポイントという南軍の見張り台があったが、何の抵抗も受けなかった。

図 32　銃を持つタブマン

さらに曲がりくねったカンビー川を進むと、左右に綿花畑が広がり、二〇キロほど進むころには、上流に向かって右側に水田地帯が始まる。タブマンの合図に従って、モントゴメリーの命令を受けた少人数の兵士がプランテーションに上陸し、斥候が事前に確認してあったコメと綿の倉庫を襲った。

翌朝、霧のなか、モントゴメリーはアダムズ号を進め、南軍の砲台を攻撃し、着々と上流に進んでいった。水田の水面に太陽が映り、水面が紅く、鈍く光りはじめた。彼は、上流に向かって右側の川沿いに配置された南軍の見張り台を見つけては黒人部隊を上陸させ、農場や森で待ち伏せていた南軍兵士と対決した。南軍の歩哨たちは、早馬を走らせ、チャールストン・サヴァンナ鉄道の駅があるグリーン・ポンドの南軍駐屯地(4)に救援を頼んだが、南軍部隊は動き出すことができなかった。

モントゴメリー指揮下の部隊は、たいして抵抗も受けずに南軍を蹴散らし、ニコル・プランテーションでは、南軍兵士一人、逃げ出そうとした奴隷が一人犠牲になった。そして黒人部隊は、ここでコメの倉庫に火を放ち、母屋や納屋も焼き払った。

(4) 南軍の拠点だったグリーン・ポンドは、プラットホームのない鉄道駅で、あたりに人影はないが、今でも鉄道が走っている。駅の前には、ポツンと郵便局がたっている。ここには今では星条旗が掲げられている。アメリカでは郵便局は、連邦政府が直接管轄する機関であり連邦権力が及んでいることを示す象徴的な場である。

図33　フィールズ・ポイントからのカンビー川の様子（2017年）

奴隷たちは早朝のひと作業を終え、朝食をとっているところだった。モントゴメリーは、奴隷たちに川まで来て北軍に加わるよう呼び掛けた。南軍騎兵隊が逃げようとする奴隷を襲い、何人かの奴隷たちが殺されたり怪我をしたりしたといわれているが、はっきりしたことはわかっていない。

アダムズ号はさらに上流に進み、南軍の逃げる方向に大砲を二発発射し、カンビー川を渡る浮き橋[5]に火を放ち、続いて左岸にあるミドルトン・プランテーションを徹底的に略奪し焼き払った。さらに右岸のラウンズ・プランテーション、ヘイワード・プランテーションが略奪放火された。彼らは水田の水門を壊し、この年の収穫ができないようにし、コメ、トウモロコシ、綿、馬、その他の家畜を接収し、持ち去ることができないものは破壊した。

脱穀小屋は、煙突を残してみな焼け落ちた。なかには、プランテーションから豪華な家具、絵画、陶器、輸入した絨毯などを略奪した者もいた。この作戦では、南軍兵士は次々と逃亡し一人も捕虜として捕獲されなかった。

プランターたちは伝令や電報を使って救援を求めて右往左往したが、当地に配置されていた兵員は少数で、しかもこの襲撃の直前に誤った情報がいくつか乱れ飛び、軍上層部はたしかな情報だと確認できるまでは動くなと指令したばかりだった。そのためいざ動き出したときにはすでに時遅しだった。

アダムズ号は、浮き橋の先に埋められた杭や障害物のためにそれ以上進むことができなかった。南軍は反撃に出ようとしたが、アダムズ号の大砲に対抗しうる重火器は直前にサヴァンナの防衛のために移動させてしまっており、撤退するほかはなかった。

七二五人の奴隷を救出

奴隷主や奴隷監督は、奴隷たちが逃げないように説教し、犬を使って脅迫した。はじめは

（5） 現在、ここを合衆国一七号線が通り、橋が架かっているが、この戦闘から一四五年を記念して二〇〇八年一〇月「ハリエット・タブマン橋」と命名された。この橋の上から葦などの水草が広がるカンビー川をのぞむことができるが、グーグル航空写真を見ると、その背後には数多くの水路がめぐらされており、かつて水田が広がっていたことを想像することができる。

恐る恐る様子をうかがっていた奴隷たちは、モントゴメリー大佐が汽笛を鳴らすよう命ずると、それを合図に北軍の船に殺到した。「リンカンの軍艦が自分たちを救いに来た！」「神様ありがとう。俺たちは、長いことお祈りしてあんたたちが来るのを待っていた！　神様に祝福を！」との言葉があちこちから聞こえてきた。朝のひと仕事のあとの朝食を終えると、奴隷たちは荷物をまとめて一斉に逃げ出した。男は農具を抱え、女は子どもを何人も抱いたり手を引いたりして、頭に荷物を載せ、子豚を袋に入れて逃げてきた。足を縛った鶏を持ってくる者や、今食べていた湯気の立っている食べ物を持って逃げてくる者もいた。しかし、逃げ遅れて奴隷監督たちに連れ去られる者も少なくなかった。

艦船から川岸に出された手漕ぎボートに多くの黒人がわれ先に乗り込もうとして、ボートからあふれ、まだ乗り切れない者は、置き去りにされないよう必死にボートにしがみついた。ボートの漕ぎ手はオールを使ってそれを阻止しようとし、その場は大混乱になった。司令官モントゴメリーは、手間どるうちに南軍が反撃してくることを恐れ、タブマンにその場を収めるよう頼んだ。アダムズ号のデッキの上からタブマンが叫んだ。

逃げてきた黒人たちはタブマンのことを知らなかったし、タブマンは、逃げてきた黒人たちにわかる「ガラ」で話すことができなかった。そのときの状況をタブマンは、「こんな光景を見たのは初めてでした。（船上の）私たちは笑いに笑いました。なにしろ、私にはこの人たちの言葉がわからなかったのです。私には黒人というだけしか共通点がなかったのです」と語った。
何を言っても通じないことがわかると、タブマンは、機転を利かせて大きな響き渡る声で歌い、踊り、手を打ち始めた。

♪
東からおいで
西からもおいで
たくさんある素晴らしい国々のなかで、この国は最高だよ
一人でもいいからついておいで
怖がることなんかないよ
このアメリカはとっても豊かな国なのさ
あんたたちみんなに農地をくれるに違いない!

それに続いてみんなが歌い、手を打ち始め、気持ちがひとつになって秩序が回復された。こうして、黒人たちは、順番にボートに乗り込んだ。残された黒人たちもあとからやってきたウィード号がのせ、モントゴメリーは、七二五人の避難民を救出することに成功したと公式報告書に記入した。夕方になると風が強まってきた。六月二日夜、避難民で満員の船は、

両岸で作戦にあたっていた黒人兵を順次乗船させながら、嵐のなかをビューフォートに向かった。翌三日の朝に嵐は収まり、太陽が出てきた。避難民七二五人はビューフォートに上陸し、バプティスト教会に収容された。

この作戦で南軍兵士が一人死亡したが、北軍には一人の犠牲も出なかった。北軍に助けを求めて逃亡しようとして殺された奴隷が一人、負傷した者は数人いたようだが、たしかなことはわからない。

避難民のために近くのセントヘレナ島に木造の家屋が建てられ、それぞれの家は四分割され、各々五人から一五人の家族が収容された。各家には暖炉と窓がついていた。粗末な作りだったが、自分たちが出てきた奴隷小屋よりはよほどましだった。避難民キャンプは、丘(ヒル)の上にあったわけではなかったが、大佐の名前を取って「モントゴメリー・ヒル」と呼ばれた。逃げてきた黒人たちは、家族を安全なところに避難させた後でなら喜んで従軍する意思を示し、七二五人の解放民のうち健常な成人男子一〇〇人以上が北軍に志願した。

六月二〇日の『ウィスコンシン・ステイト・ジャーナル』は、タブマンの武勇を伝えて、こう讃えた。

モントゴメリー大佐とその勇敢なる三〇〇人の黒人兵は、ある黒人女性の案内の下で敵地に突入し、大胆に効果的な打撃を加え、何万ドルもの価値のある食料、綿花、壮麗な屋敷を破壊し、反乱軍の中心地に打撃を加えただけでなく、八〇〇人もの奴隷と数千ドルの価値のある財産を奪ってきた。この間、味方はだれ一人かすり傷ひとつ負わなかった。これは見事な偉業である。〔強調は引用者〕

この作戦についての軍の正式な記録には、タブマンの名前は記載されなかったし、この記事でもタブマンの名前は明示されていないが、この作戦の成功の最大の栄誉は、誰よりも彼女に与えられるべきだと地元の人々は考えていた。この記事を引用した『ボストン・コモンウェルス』にコメントを書いたフランクリン・サンボーンが、この「ある黒人女性」とは、ハリエット・タブマンのことだと明かした。

タブマンはこの救出作戦の際に、二頭の豚を抱えていた女性を艦船に迎え入れようとして、スカートの裾を踏んでつまずいてしまった経験から、今後、戦闘中はスカートをはかないことにした。六月三〇日にタブマンはフランクリン・サンボーン宛に「作戦のときに着る厚地のブルマーを送ってください」との代筆書簡を送った。ブルマーについて、ゲリット・スミスから聞いて知っていたのだろう。タブマンが実際にブルマーを手に入れたかどうかは定かではない(6)。

フランクリン・サンボーンが書いた「モーゼの秘密活動」という記事が『ボストン・コモンウェルス』(一八六三年七月一七日付け)の一面に掲載され、それがタブマンの最初の伝記的紹介となった。タブマンはこれ以後、公然と「ハリエット・タブマン」を名のって活動するようになった。

3　南部の戦場で引き続き働く

軍法会議で証言

カンビー川作戦から帰って来た直後の一八六三年六月五日に、タブマンは軍支給物資を横流しした白人兵士ジョン・E・ウェブスターに対する軍法会議で証言台に立った。ウェブスターが、軍支給物資の砂糖をウォルター・D・プラウドゥン（黒人スパイ）に売却したと告発されたのだ。プラウドゥンは一五〇ポンドを購入したが、タブマンもウェブスターから二度にわたり砂糖五〇―六〇ポンドを購入していた。二人は、その後コーヒーその他もウェブスターから購入し、町に出てそれを売ろうとして地元の商人に怪しまれて、軍の支給物資の横流しの事実が明るみに出たのである。タブマンはサクストン将軍のところに行ってその事実を正直に伝え、ウェブスターの不正行為が暴かれ、彼は軍法会議で六カ月の強制労働を言い渡された。

北軍の軍法会議で、黒人女性だったタブマンが証言することを許されたこと自体が、当時からすれば異例なことだった。最高裁判所は、一八五七年ドレッド・スコット判決で、黒人はアメリカ市民ではないので裁判に訴えることも証言することも認められないとしており、彼女の証言は、その判決を正面から否定する事例だったからである。実は、この証言にはもうひとつ重要な意味が含まれていた。ハリエット・タブマンは、このときまでは公的な文書でその存在を確認できない「逃亡奴隷」だったが、このときの証言で自分の名前と出生年を語り、軍の文書にその存在が正式に記録されたのである。のちに詳しく述べるが、実は、この当時、彼女は北軍に参加し、軍事的な貢献もしていたのに、公的には彼女には何の役割も与えられておらず、単なるヴォランティアとして扱われ続けた。当時は女性が軍事的作戦に参加することはありえないことだと考えられ、軍部がそれを公的には認知しようとしなかったからである。ちなみに、タブマンの下でともにスパイとして活動した黒人男性ウォルター・D・プラウドゥンには、戦後早々に軍人恩給が支給されている。

(6) ブルマーとは、一八四〇年代末に女性解放運動家アメリア・ジェンクス・ブルマーがある雑誌に紹介したゆったりした踝《くるぶし》までの長い女性用のズボンのこと。それまでの自由に体を動かしにくい服装ではなく、女性が相対的に自由に動き回れる服装として注目され、保守的な男性からは批判された。しかし、南北戦争中戦地で看護にあたる女性が多く着用したというから、タブマンがブルマーを送ってくれるよう北部にいたサンボーンに依頼したとしても、それは特別なことではなかった。

悲劇の第五四連隊

一八六三年七月一日、ギルモア将軍のもとにポート・ロイヤルの連隊によるチャールストン攻略計画が立案され、七月一七日、若い白人奴隷制廃止主義者ロバート・ゴールド・ショウ大佐指揮下のマサチューセッツ第五四連隊（黒人志願兵部隊）がワグナー要塞攻略に動員された。日本でも上映された映画『グローリー』で有名になったこのマサチューセッツ第五四連隊には、多くの黒人奴隷制廃止主義者が志願した。フレデリック・ダグラスの二人の息子もこの部隊の一員だった。マサチューセッツ州の奴隷制廃止運動の中心地ボストンからばかりではなく、捕鯨基地だったニューベッドフォードからも多数の黒人が志願した。現在、ボストンの旧市街地のコモンズ広場の西側にある大きな壁には第五四連隊を称えるブロンズ像が記念碑として残され、ニューベッドフォードの中心街にも、三階建てほどの高さの建物の壁にこの部隊を称える大きな壁画が飾られている。

ワグナー要塞攻略作戦の六週間前にショウ大佐がビューフォートに到着して以来、タブマンは彼と親しく交流した。攻略作戦の動員命令が下されたとき、タブマンはショウに最後の食事を出したことを、のちに誇らしげに語っている。

ワグナー要塞は、北軍のチャールストンへの侵入を阻止するための南軍の要塞で、南北戦争開戦の地として有名なサムター要塞とともにチャールストン防衛に欠かせない要塞だった。そのため南軍は防備をとくに重視していた。南軍によって頑強に守られたワグナー要塞は、容易には攻略できず、突撃を繰り返した第五四連隊は、その勇猛果敢な戦いぶりで評判を高めたが、要塞を陥落させることはできず、結果は悲惨なものだった。七月一一日と一八日の二度にわたる戦闘で、第五四連隊は、一五一五人の死者、二二五六人の負傷者を出し、司令官のショウも亡くなった。対する南軍の死者は八人、負傷者は一七四人だった。

ビューフォートの病院には次から次へと傷病兵が連れ込まれた。しかし、医者は二人、看護師は一人しかおらず、施設は劣悪だった。炎暑のなか、現地の黒人たちが差し入れの食料を持って続々と集まり、七月二一日にはアメリカ赤十字が、ベッド、衣服、清潔な寝具を運び込んできた。傷病兵のうめき声のなか、タブマンは料理を作って運んだ。このような状況の下で、多くの傷病兵が亡くなっただけでなく、ヴォランティアも、暑さと伝染病、過労で倒れた。

蚊やハエが襲来するなか、地元のたくさんの黒人女性が傷病兵の看病にあたった。タブマンは現地の薬草に関する知識が豊富で、とくに下痢止めに関しては彼女の処方が大変評判になっていた。西洋医学の治療は機能せず、タブマンは、地元の沼地に生えていた草の根を採取し、煮詰めて薬を作り、多くの兵士を見事に回復させた。

フロリダでの看護活動

タブマンは北軍が進駐していたフロリダ州のフェルナンディーナの連邦軍病院に来るよう

要請され、一八六四年二月モントゴメリーの黒人部隊とともに出発した。しかし、到着後の二月二〇日、十分な訓練を受けずに出動させられたこの部隊は、オルスティーで南軍から猛攻を受け、大混乱に陥り、全軍の半数以上が死亡した。このとき南軍は、黒人負傷兵を捕虜扱いせず、次々と虐殺した。フェルナンディーナにとどまっていたタブマンは、運び込まれる負傷兵の看護活動に従事した。ここでも薬草を用いた治療の効果は絶大で、その「魔力」が話題になった。

タブマンはビューフォートに戻ってからも働き続け、兵士のための衣服の洗濯に集団で取り組めるよう現地人を指導した。

病院での人種差別

タブマンは、憲法修正第一三条（全国での奴隷制の全面廃止）が一八六五年二月に議会を通過したのを機に、もはや「逃亡奴隷」として捕獲される危険はなくなったと判断し、三月二〇日付の陸軍長官スタントンの署名入り通行証を持ってワシントンＤＣに向かった。そして四月初旬、ペンシルヴァニア州のキャンプ・ウィリアム・ペン基地に駐屯していた第二四黒人連隊の前で自分の経験を話し、兵士たちから大喝采を浴びた。そのとき彼女に対して多額の寄付金が集まり、彼女はそれを急いで家族に送った。

その後、タブマンは、フィラデルフィアで赤十字委員会代表の説得をうけ、サウス・キャロライナ州ビューフォートに戻るべしとの軍の指示を無視して、ヴァージニア州のモンロー要塞病院での看護活動に向かった。そこで数カ月のあいだ看護に従事した彼女は、この病院では黒人と白人が別々に収容されており、人種差別的待遇がひどく、黒人兵と白人兵の死亡率には顕著な格差がみられることに衝撃を受けた。

南北戦争の終結

一八六五年四月九日、南軍のリー将軍が、ヴァージニア州のアポマトックス郡裁判所前で降伏して、四年にわたった戦争が終わった。そして、四月一四日、サムター要塞で祝賀集会が行われた。しかし、同じ日にリンカンがワシントンの劇場で銃撃されて死亡し、国務長官だったウィリアム・スワードも別の場所で暴漢に襲われて負傷した。

六月末から七月の初め、タブマンは再びモンロー要塞からワシントンに向い、襲撃による傷からなお回復していなかったスワードに会って、軍病院での人種差別の改善を請願した。スワードは、ジョセフ・K・バーンズ軍医を紹介し、バーンズは、公式にタブマンをモンロー要塞病院の看護師に任命してくれた。しかし、彼女は七月二二日にモンロー要塞の黒人病院に戻ったものの歓迎されず、事態も改善されなかった。

この時、彼女は家族の生活費とスワードへの債務返済のために資金を必要としていたが、なかなか資金を集めることができず、ついに家族のもとに帰ることにした。

第四章　解放された黒人たちの救済事業（一八六五―一九一三年）

1　北部の家族のもとへ

休暇を取ってオーバンへ

タブマンは、南部の戦場で活動している最中も、ニューヨーク州オーバンに残された両親をはじめ家族の生活について心配し続けた。家族から一時帰郷を求める手紙も届いていた。戦時中、彼女は、可能な限り北部に帰って彼らの面倒をみると同時に、北部の奴隷制廃止運動家たちとの交流および協力要請活動を続けた。それは、彼女にとって家族がいかに大きな存在だったかを示していただけでなく、戦後に継続するオーバンでの黒人施設運営（「難民」[1]救済事業）の基礎となる仕事だった。

戦地にいた一八六三年一〇月にもタブマンは約一カ月の休暇を取り、オーバンに帰っていた。将軍たちは、兵士や政府職員に無料通行証を提供し、タブマンも公的には連邦軍に所属していなかったにもかかわらず無料通行証を受け取った。一八カ月ぶりの家族との再会だった。

オーバンで暮らしていた家族は、ほとんど全員が、近隣の豊かな白人の家庭で働いていた。しかし、彼らの借金はかさみ、両親の健康状態は悪化していた。休暇中タブマンは、セント・キャサリンズの弟のヘンリーのところに助けを求めに行ったが、農業でうまくいっていた彼は、奴隷解放宣言が出てもアメリカには帰りたがらず、オーバンには来てくれなかった。

半年後の一八六四年五月、タブマンは再びオーバンへの帰宅を申請し、認められた。

ここで読者の皆さんは、軍隊から給料をもらっていなかったタブマンがなぜ「帰宅を申請」しなければならなかったのか、疑問に感ぜられるのではなかろうか。公的には、単なるヴォランティアだった彼女は、サウス・キャロライナ州ビューフォートに戻れとの軍の指示を無視して、モンロー要塞病院に行き傷病兵の看護にあたっていたが、彼女には、連邦軍の組織の一員としてその命令に従うという意識はなかった。休暇申請をしたのは、現場からの一時的離脱の了解をとり、政府の通行証（特別鉄道切符）の支給を受けるためにすぎなかったようである。近代的組織としての軍隊のルールに従おうとしないこのようなタブマンの意識と行動は、戦後の彼女に対する軍人恩給の支給を困難にした原因だった。

何はともあれ、彼女は、六月にオーバンに向けて出発し、夏は家族のもとで暮らし、しばしばニューイングランド各地（北東部六州）を訪ねた。八月一二日『ボストン・コモンウェルス』は、ボストン訪問中のタブマンを再び取り上げ、その業績を称賛し、連邦軍から給料が支払われていないタブマンに衣服や金を寄付するよう読者に呼びかけた。

この年の秋、タブマンは、ボストンで女性の権利を主張して各地を回っていた黒人女性ソジャナ・トルースに会った。トルースは、このとき、リンカン大統領再選のための講演旅行に出ていたのだが、タブマンにも協力を求めた。しかし、連邦軍のなかで黒人兵が給料をはじめさまざまな差別を受けているのを見てきたタブマンは、差別を放置しているリンカンを肯定的に評価することはできなかった。そのため、彼女は、トルースに同行してリンカンを激励することはしなかった。その後、トルースから「ワシントンでリンカンに会ったときの印象から、リンカンは、あくまでも国のために誠実に尽くしており、何ら利己的野心のない人物だ」と感じたという話を聞き、タブマンはリンカンに対して厳しすぎたようだったと三〇年後に語っている。

タブマンは北部に滞在中、睡眠発作(ナルコレプシー)に頻繁に襲われたこともあり、サ

(1) 北部に逃亡した黒人奴隷を「難民」と呼ぶことはあまりなかったが、ここでは、他に適切な用語が見当たらなかったので「難民」という言葉を用いた。北部に逃亡した黒人を一九五一年の国連の「難民の地位に関する条約」での定義「人種、宗教、国籍、政治的意見やまたは特定の社会集団に属するなどの理由で、自国にいると迫害を受ける恐れがあるために他国へのがれた人々」に当てはめることはあながち無理ではなかろうと思われる。

ウス・キャロライナ州ビューフォートに戻ったのはだいぶ後になってからだった。

生き抜くために必死に奮闘

戦争が終わるとタブマンは、戦場を後にして第二の故郷ニューヨーク州オーバンの家族のもとに帰って、ここを拠点に本格的な活動を開始した。

彼女は、サウス・キャロライナ州からオーバンに帰る途中の列車であばら骨を折る大けがをし、帰宅後もなおしばらく苦しんだ。タブマンは政府から支給された兵士用特別切符を使って、フィラデルフィアからニューヨークへの深夜便に乗車したのだが、途中で車掌に別の車両に移るよう求められた。車掌は、黒人がそのような特別切符を持っているはずはないと言い、蒸気機関車のすぐ後の車両（Smoking Car）に移るよう命じたのである。しかし彼女は納得せず、動こうとはしなかった。一人では彼女を引きずり出せなかった車掌は応援を求め、やってきた四人の白人車掌が、彼女の首を絞め、彼女はその車両から引きずり出された。その際に、彼女はろっ骨を折るけがをしたのだ。ある白人紳士が、もし車掌を裁判に訴えるなら証言してあげると言って氏名を書いたカードをくれたが、その後、連絡をつけることができず、裁判には持ち込めなかった。ほかの乗客はだれ一人彼女を応援してくれなかった。

北部の諸州では、当時、人種を明示した人種隔離車両はなかったが、蒸気機関車のすぐ後の車両は煙がひどく、もっとも劣悪な車両であり、貧しい人や黒人が座るものとされていた。

彼女は北部での事実上の人種隔離に対して実力で抵抗したのである。

けがの回復には数カ月かかったが、タブマンには、そんなことで休んでいる暇はなかった。彼女は、南部の解放民のための学校や病院の建設資金集めに走りまわった。そしてまもなく、単に家族や親類のみならず、ニューヨーク州オーバンを中心とするフィンガーレイク地方に住む、遺棄された白人を含むハンディキャップのある人や、貧困者に手を差し伸べる活動に、力を集中するようになった。地元の白人市民からは、黒人老人や貧困者の支援に責任を持ってくれる人物があらわれたとして感謝された。

タブマンはその後、二〇世紀初頭までさまざまな活動に取り組んだが、それはあくまでもオーバンの彼女の家を中心とした「難民救済」活動を支えることを目的としたものだった。当時、ニューヨーク州ばかりではなく北部全域で社会福祉施設は人種隔離されており、黒人の少ない町では、黒人の対象者は、路傍に投げ出されるほかはなかった。ハンディキャップのある黒人、たとえば孤児、負傷兵、盲人そのほか助けのいる人々を受け入れる施設は、オーバンからニューヨーク市までの間にはどこにもなかった。タブマンたちは、そのような人々に手を差し伸べるべく、できることから始めた。このプロジェクトには多様な企画が含まれるし、時代を経て変化もしていくが、ここではひとまとめにして「オーバン・タブマン・ホーム」事業と呼んでおく。

よく知られているように南北戦争後のアメリカでは、自由放任の市場原理が横行し、貧富の格差が拡大すると同時に、有色人種を自由競争から排除する人種隔離政策が全国で強化されていた。

黒人エリートからの批判とその非現実性

このような社会の趨勢《すうせい》のもとで、黒人エリートはタブマンの取り組みに対して、概して冷淡だった。例えば大森一輝によれば、ハーヴァード法科大学院を卒業した黒人エリートの代表的存在だったアーチボルト・ヘンリー・グリムケ（一八四九―一九三〇年）は、サウス・キャロライナ州の奴隷主を父とする奴隷として生まれたが、才能と機会に恵まれて、高度な教育を受けることができた。彼は、ボストンで弁護士になり、適者生存が社会発展のための基本原則だと確信するようになっていた。個人としての自助努力を重視し、人種としての結束を「自己隔離」として否定し、黒人に対する特別な配慮は害あって益なしだと主張した。その典型が当時始まっていたハリエット・タブマン・ホームであり、彼はタブマンの取り組みを厳しく批判していた。彼の意見は黒人エリートの間ではむしろ多数派を占める意見だった。最底辺の黒人大衆とは無縁な「自由競争万能論」の世界に生きていたグリムケらの黒人エリートは、最底辺の黒人やハンディキャップを負った白人とともに生きて来たタブマンとは対極の世界に暮らしていた人々だった。

タブマンが生きていた世界では、まず自分たちの飢えと寒さと戦うことに全力を注がねばならなかった。じっさい家族は危機的状態にあった。

母親はタブマンに不満を繰り返した。タバコとコーヒーなしの生活は彼女には耐え難かった。みんな寒くて飢えていた。タブマンは骨折後のきつい体をおして、閉店直前の商店街に行って物乞いのように豚の骨をもらいスープにし、肉屋でもらった肉を八百屋で野菜に換えるなどの工夫をして、食料を確保した。そのうえ、まず農場や近隣での賃仕事によって少しでも収入を得て、スワードへの債務の返済に当てながら、飢えと寒さをしのがなければならなかった。彼らはまさにぎりぎりの「自助努力」を重ねて生きのびながら、より多くの寄辺のない弱者に手を差し伸べようとしていたのである。タブマンには、黒人エリートの観念的「自己隔離」批判などに耳を傾けている暇はなかった。

たしかにタブマンは、「黒人の団結」の必要について述べたことがあったが、それは、第二次大戦後の公民権運動のなかで戦わされた「人種統合」と「黒人ナショナリズム」との路線論争とはほとんど無関係だった。現実に彼女の目の前で苦しんでいたのがイースタンショアから逃れてきた黒人が大部分だったということにすぎず、彼女は現に困っている人であれば、白人でも受け入れたのだった。

オーバンの彼女の家には多くの親類・関係者が居住し、冬を越えることは容易ではなかった。一八六七―六八年の冬は雪が多く、雪に閉じ込められ、慣れない彼らにオーバンの白人住民が食糧や小銭を持ってきてくれた。冬中引きこもっていたタブマンのことを気遣って、奴隷制廃止運動の指導者の一人ウェンデル・フィリップスが八〇ドルを寄付してくれ、それは十分な薪代になった。彼女には軍人恩給の支払いがなかったので、あらゆる工夫をして収入を確保する必要があった。下宿人を受け入れて稼いだこともあったし、タブマン自身も含め家族や同居人が白人家庭で家政婦などをして可能な限り賃稼ぎにはげんだ。

タブマンの再婚

南北戦争が終わり四年たった一八六九年三月、タブマンは黒人帰還兵ネルソン・デイヴィスと再婚した。しかしその結婚についても彼女はほとんど何も語っていない。すでに述べたとおり、タブマンは、最初のジョン・タブマンとの結婚についても、彼が別の女性と同棲していることが判明した直後に「もし夫が私なしでやっていけるなら、私も彼なしでやっていけると考えました。私の心からジョン・タブマンは消えました」という言葉を残した以外、何か語ったという記録がない。なによりも家族を大事にしてきた彼女が、どうして夫のことについてこれほどわずかしか語らなかったのかは、謎というほかはない。

それはさておき、タブマンの再婚相手ネルソンについてわかる範囲で紹介しておきたい。ネルソンはノース・キャロライナ州エリザベス出身の逃亡奴隷で、ニューヨーク州北部で軍に志願、一八六四年サウス・キャロライナ州に配属され、そこでタブマンに会っている。タブマンとともにフロリダ遠征に参加したが、その後ヴァージニア州に駐屯。終戦直後、テキサス州ブラウンズヴィルで除隊。このとき、ネルソンは、姓をチャールズからデイヴィスと改めた。そして、一八六六―六七年の冬にオーバンを訪ね、タブマン・ホームの一員となった。当時彼は二二歳、煉瓦職人の技能を持っていた。しかし、結核を患っており、働きながらここで療養生活を送っていた。

一八六七年の秋、タブマンの元夫ジョン・タブマンが死亡したとのニュースが入ってきた。メリーランド州で地元の白人ロバート・ヴィンセントと些細ないさかいがあり、これをきっかけにジョンは射殺されたのである。裁判が起こされたが、ヴィンセントの一三歳の息子トーマスの証言のみを根拠に、ヴィンセントは、全員白人の陪審裁判で無罪放免となった。

タブマンは、教会の教えに従ってジョンが死ぬまでは、彼が正式な夫であり続けていると信じ、再婚の可能性を否定していた。しかし、ジョン死亡の知らせを受けて、再婚する気になった。一八六九年三月一八日、セントラル・プレスビテリアン教会（白人が主な信者の教会）でヘンリー・ファウラー牧師のもと、ネルソン・デイヴィスとの結婚式をあげ、市内の多数が参列し祝福した。彼はレンガ職人として彼女の家にすでに三年住んでいて、彼女の家の敷地内でレンガ製造業を営んでいた。

彼らの結婚については多様な憶測があった。なかには結核だった彼がまもなく死ぬことも予測できたのに結婚したのは、ネルソンの遺族年金をあてにしていたからだったといった声もあった。しかし、わかっていることは、彼らがその後二〇年も連れ添ったという事実であ

図 34　タブマンと家族（左端がタブマン、1887 年頃）

る。

新たに連れ合いを得たタブマンは、「オーバン・タブマン・ホーム」の運営に精力を傾け続けた。彼女たちは、自給を主な目的として、ポテト、野菜、リンゴの栽培や、乳牛、ニワトリ、豚や馬の飼育も試み、バター、卵なども生産した。作物やパイを作って売り稼いだが、支出も増え、新たに借金もするようになった。

このような恒常的な収入不足に対処するために支援者と彼女がまず取り組んだのは、彼女の伝記を出版し、支援者に売り歩き、収入を得る道だった。

伝記出版と寄付活動

この企画は、オーバンの白人事業家ウィリアム・G・ワイズがタブマンたちの生活を支える目的で始めたもので、一八六八年春、地元の白人作家サラ・H・ブラッドフォードに執筆を依頼した。彼女は、ニューヨーク州選出連邦下院議員だったこともあるプレスビテリアン教会の牧師サミュエル・M・ホプキンスの娘で、感傷的な小説や道徳的児童書の書き手としてすでにそれなりの実績を上げていた。ただ、彼女は奴隷制廃止運動の活動家ではなかった。

オーバンの市民を中心に合計四三〇ドルの寄付を集めて、この本の出版準備がはじめられた。ブラッドフォードは夏の終わりにヨーロッパに出立することが決まっていたので、それまでにタブマンへのインタビューを急いで進め、同時に各方面から史料を取り寄せて整理し始めた。ブラッドフォードは、タブマンの記憶を確認するために関係者に手紙を書き、証言を求め、検討した。タブマンから提供された手紙類も参照している。彼女は、オーバンの銀行家チャールズ・P・ウッドにあとを託し、ヨーロッパに旅立った。タブマンがこの作品をどう評価したかはわからないが、彼女にとってはこの本が売れることが一番大切だったことは間違いない。

フレデリック・ダグラスをはじめ多数の奴隷制廃止運動の指導者が、推薦文を寄せ、また、タブマンへの有名人からの手紙も採録された。全体で一三二頁のうちブラッドフォードが書いた文章は半分以下で、残りは史料で構成されていた。どの史料をどのような順番で掲載するかは、地元の印刷屋ウィリアム・J・モーゼに一任された。まもなく、購入予約が開始され、一八六八年のクリスマスにタブマンの伝記『ハリエット・タブマンの人生の諸情景』は出来上がり、一二〇〇部印刷された。販売収入はすべてタブマンの借金返済に充てられ、作者のブラッドフォードは一切受け取らなかった。

この伝記は、ごく短いもので、章立てもはっきりせず、タブマンの語りが順番に並べられているだけだった。欠落部分や著者の思い込みによる細かな誤りも多く指摘されている。サラ・ブラッドフォードはこれから出かけるヨーロッパのことが気になっていたようで、きちんとインタビューの準備をした形跡がない。しかし、タブマンは、すでにあちこちでその経験を話したことがあったので、ブラッドフォードとの対話ではむしろ主導権を握り、自分の語りの枠組みのなかで自分のペースでしゃべった。そのためブラッドフォードは、タブマンの話に彼女の独自の解釈を加え脚色することが少なく、タブマンの発言が多くそのまま残されている点で、結果として、この伝記は極めて貴重な作品となった。

南北戦争によって奴隷制が廃止されたにもかかわらず、ちょうどこのころ、黒人に対する抑圧が全国で強まろうとしていた。南部では、戦後一時、黒人男子にも参政権が与えられ、より民主的な道（「民主的再建」と呼ばれている）がひらかれたかのように見えたが、経済力や組織された武力を依然として握っていた南部各州の旧白人支配層の政治的復権が進み、黒人政治指導者や白人協力者に対するテロや不正選挙などによって、黒人参政権が事実上剝奪され、旧白人支配層が各州の支配権を再確立した。そして彼らは、黒人による南部の州政治改革への貢献を徹底的に無視し、「民主的再建」時代を「混乱した暗黒の黒人支配の時代」だったと断定するようになった。こうして黒人は社会的に「見えない存在」にますます追い込まれつつあった。

このような時代状況の下で、ブラッドフォードによるタブマンの伝記出版は、アメリカ黒人の必死の努力の跡を後世に残したという点で重要な意味があった。

この本が出版された一八六八年のクリスマス直前に、オーバン在住の奴隷制廃止主義者・女性参政権論者マーサ・コフィン・ライトの尽力により、当地でハリエット・タブマン・フェアが開かれ、手芸品などのバザーとともにこの伝記が紹介され、約五〇〇〇ドルの寄付が集められ、七〇冊弱が一冊一ドルで売れた。そして集会ではタブマンが講演し、大きな評判を呼んだ。

次の年、フランクリン・B・サンボーンが『スプリングフィールド・レパブリカン』紙にこの本の書評を書き、高く評価してくれた。シカゴのある人物は一〇〇冊も注文した。最終的には一二〇〇ドルの収入となり、スワードへの借金を完済することができた。

しかし、オーバン・タブマン・ホームは相変わらず財政難が深刻で、家族が次々と亡くなり始め、嫁ぎ手や運営の担い手が減り、タブマンの負担はますます増えていった。

一八八三年には、木造の家屋が焼失するという災難にも遭遇した。まもなく煉瓦作りの家が再建されたが、この火事でタブマン宛の奴隷制廃止主義者からの手紙が多く失われた。一八八四年には、飼っていた豚四〇頭がいっぺんに死ぬ事故もあった。市内の家庭から集めてきて飼料として使っていた家庭ごみのなかに、ネズミ捕りの毒薬が混ざっていたことが原因だったとされている。

このころになると北部の進歩的改革運動家のなかでもタブマンの影は薄くなっていた。奴隷制廃止運動の世代の著名人が次第に後景に退き、タブマンのことを知っているアメリカ人も少なくなっていた。一八八四年に指導的奴隷制廃止主義者で地下鉄道運動員でもあり、先住民の権利や女性の権利についても積極的に発言を繰り返してきたウェンデル・フィリップスが亡くなりボストンで葬儀が行われた際に、多数の人々が参列し、新聞各紙が参列者の多数を紹介したのに、出席していたタブマンの名前はそこにはなかった。

このような状況のもと北部の支援者からの寄付は多くを望めなくなった。事態は悪化するばかりであり、どうしても金が必要だったタブマンは、ブラッドフォードにもう一度本を書いてもらうよう要請し、一八八六年、『ハリエット・タブマン――黒いモーゼ』が出版された。前回の伝記では表紙に銃を持った彼女の姿の木版画が掲載されていたが、今回はビロードの椅子に盛装して腰かけ、気品ある厳しい顔をしたタブマンの写真が掲載された。

この表紙は二つの伝記の変化を象徴していた。最初の伝記出版の際には、サラ・ブラッドフォードは、執筆に十分かかわることができなかったためにタブマン自身の言葉が多く採用されていたが、今回ブラッドフォードは、彼女の言葉で、基本的には標準英語を用い、当時の白人中産階級の好みにあうタブマン像を描き出したのである。それはわかりやすい英語を用いて売れ行きを伸ばすという意図もあったが、なによりも彼女自身の意識を反映していた。彼女は、当時の白人中産階級の多くがそうだったように、黒人奴隷制社会の文化的規範に接したことはほとんどなく、根深い白人優越主義的傾向を持ち、当時の家父長制的な性的規範に縛られていた。しかも、南北戦争・再建期が終わり、アメリカでは、南北和解を求める「国民的願望」の高まりのなかで文化的・社会的な「伝統への回帰」が進み、人種的・性的秩序の回復が叫ばれていた。

二つの伝記を比較した歴史家たちは、一八八六年版では、あきらかに白人中産階級の気分を害するような記述が削除され、それに代わってブラッドフォードのクリスチャン像に合わせた敬虔な聖者としてのタブマン像が作り出されたことを一様に指摘している。彼女は、最初の伝記で引用したタブマンの言葉でも、白人主人を軽蔑していたことや、敬虔なキリスト教徒で主人に忠実だった黒人奴隷の悲劇を描いたベストセラー小説『アンクル・トムの小屋』が嫌いだったこと(2)については今回は削除し、黒人のステレオタイプに合わせ、タブマン

(2) 一八五五年、彼女がフィラデルフィアで働いていた時、『アンクル・トムの小屋』の芝居が近所で興行されており、知り合いの黒人家政婦に見に行くことを勧められたが、彼女は、「『アンクル・トムの小屋』の話を聞いて、ストウは、実際の南部の奴隷制を見たことがなく、自分はそんな芝居は見たくない」とはっきりと断った。

の言葉を「南部黒人英語」で表現する場面を増やしている。女主人の鞭の話、銃を持ったタブマン像も削除され、北部に逃げた時の「絶望感」が強調されている。奴隷制や戦争の記憶は極力削除され、この本では、もはやタブマンは、「黒いモーゼ」あるいは「タブマン将軍」としてではなく、敬虔な女性慈善活動家として登場する他はなかった。

そして、一八八六年版では、タブマンは南部に「一九回」出かけて奴隷の逃亡を助け、その総数が「三〇〇人」、そして彼女にかけられた懸賞金の額が「四万ドル」という誇張された根拠のない数字が提示され、それらの数字がその後の歴史記述に踏襲され続けることになった。タブマンは、資金集めのために、さらに一九〇一年にもブラッドフォードに依頼し、同じ内容の伝記を出版してもらった。

タブマンの姿が今日までどのように描かれてきたのかを丹念に検討した歴史家ミルトン・C・サーネットは、サラ・ブラッドフォードは、第二版の伝記において、タブマンの姿を忠実に描くというよりは、自分自身の評判がどうなるのかにより強い関心を抱いていたと述べている。

経済的困窮と軍人恩給請求運動

戦後まもなく、オーバン在住の支援者たちは、タブマンに対する軍からの未払い賃金および軍人恩給請求運動にも取り組んだ。最初の伝記が出版された一八六八年遅く、地元オーバンの銀行家チャールズ・P・ウッドが、彼女の恩給支給請願について聞くためにタブマンのもとに訪ねてきた。そして彼は従軍記録や連邦軍高官からの証言を添付した九枚の書類を作り、請願書を当時なお国務長官の地位にあったスワードに手渡した。タブマンは、公的文書の意味を十分理解していなかったので、その多くをなくしてしまっていた。しかも連邦軍は、タブマンを秘密裡に働かせていたので、彼女の従軍を示す正式な文書を残していなかった。しかし幸いなことに、彼女にかかわった連邦軍指揮官の多くが、彼女についての親書を送ってくれたのでそれで補足することができた。スワードがその書類を下院議員マックドゥーガルに提出した。しかし、チャールズ・P・ウッドの努力にもかかわらず、タブマンには、ビユーフォートで洗濯小屋を建設し、解放民に洗濯の仕方を教えたことに対する未払い賃金二〇〇ドルが、三年後に支払われただけだった。

ようやく一八七四年になってマックドゥーガル議員が提出した請願書が連邦議会にかけられた。その請求額は、一八六二年五月二五日から六五年一月三一日まで、三二カ月と六日間、月に三〇ドル、合計九六六ドル、すでに支払われた二〇〇ドルの支払いを控除して合計七六六ドルだった。一般兵士は月一五ドル、スパイその他の特別任務に対しては日当二—二・五ドル、月で計算すると六〇—七五ドルだったが、タブマンが何日スパイ任務に従事したかは定かではないので、その請求額が、厳密に正確だったかどうかはわからない。タブマンに協力的な議員たちが、一八七四年にタブマンへの支払いに関する勧告決議を上げた（このような決議は有権者の歓心を買うために無数に上げられた）が、上院で通過せず、世紀末まで政府や議会は却下し続けた。

すでに述べた通り、このときタブマンと一緒にスパイ・斥候作戦を実施した黒人男性ウォルター・D・プラウドゥンには、戦後まもなく軍人恩給が支払われていた。また、連邦軍は解放民を軍に勧誘するたびに、一人につき三〇〇ドルを支払ったが、多数を入隊させたタブマンには、それも一切支払われなかった。

あらたな法案の動きが始まり、反乱軍である南軍兵士には支払われない恩給法案は、南部出身議員の妨害にあいながらも、一八九〇年に連邦議会で新しい遺族年金法がようやく成立した。それまでの遺族年金法では、戦闘にかかわる傷病兵のみが対象だったが、この法律で従軍兵士すべてとその遺族に対象が広げられた。

タブマンは、夫ネルソン・デイヴィスが一八八八年一〇月に亡くなったのを受けて遺族年金も請求した。しかし、さまざまな書類不備を指摘され、なかなか受け入れてもらえなかった。「ネルソン・デイヴィス」という名前は、戦後「ネルソン・チャールズ」を改名したものので、これを証明するのに数多くの証言書が必要だった。タブマンが、元夫ジョン・タブマンの死後ネルソンと結婚したことを証明する教会の結婚証明書、知人からの人物紹介の文書も必要だった。黒人の兵籍証明はとくに困難だった。黒人のなかには、逃亡や解放、終戦、結婚を機に改名する者が多く、書類をきちんと整えることができずあきらめなければならない事例が多かった。

しかし、ニューヨーク州選出下院議員セレノ・E・ペインの協力があり、ついに支給が決まった。そして、請求から五年後の一八九五年一〇月一六日に初めて受給することができた。これは、申請から六年目のことであり、明らかに黒人に対する差別的対応だった。タブマンは、法律発効からさかのぼって夫の遺族年金を一括して約五〇〇ドル受け取った。

翌一八九八年、タブマンは再度、傷病兵委員会に宣誓書を付して一八〇〇ドルを請求し、一八九九年二月二八日ついに月二〇ドルが支払われることになった。八ドルが遺族年金、一二ドルが看護活動に対する恩給だった。スパイ・斥候活動に対しては支払われなかった。不満ではあったがすでに遺族年金法成立後八年もたち、彼女はもうすぐ八〇歳になるので妥協せざるを得なかった。そしてこの年の一〇月にそれまでの未払い分五〇〇ドルが支払われた。

少なくともこれらの恩給は、タブマン・ホームの経営には相当恩恵をもたらしたと想像される。しかし、連邦政府が、最後まで彼女の兵籍を認めなかった事実は残った。彼女に支払われたのは、一般兵士に支払われる一五ドルではなく、看護活動に対する一二ドルだけだった。ちなみに彼女は、今日では、ワシントンDC国際スパイ博物館で紹介されている。

なにはともあれ、タブマンに対する軍人恩給請求運動は、タブマン・ホームの運営資金獲得のための活動であっただけでなく、連邦軍に対する黒人と女性の貢献を公的に認めさせるひとつの「公民権運動」だったのである。

ちなみに、二〇〇三年一〇月、ニューヨーク州選出連邦上院議員ヒラリー・クリントンの努力で、タブマンの正当な軍人恩給支払い分との差額（インフレ率を勘案して一万一七五〇ドル）が支出され、オーバンのハリエット・タブマン・ホーム（歴史記念館・博物館）に支払われた。

詐欺、窃盗、強盗事件

大不況がアメリカを覆っていた一八七三年九月中旬、スティーヴンソンと名乗る黒人が、南軍の隠匿金塊五〇〇〇ドル分を現金二〇〇〇ドルと交換するという「うまい話」をザドック・ベルという男に持ち込んだ。ベルは、セント・キャサリンズでも同じような話があり、五〇〇ドルをだまし取られたという話を知っていたので、怪しいと思いこれを断った。彼に断られたスティーヴンソンは仲間のジョン・トーマスと一緒に、タブマンの兄ロバートにこの話を持ち込んだ。彼らは、タブマンたちが金に困っていることを知っていたのである。当時はまだ恩給や未払い賃金を政府から支給されるめどが立っておらず、タブマンは財政的に極めて困難な状況にあった。

タブマンは、彼ら二人を家に迎え入れ、何日かタブマン・ホームに泊めた。彼らは、自分たちはサウス・キャロライナ州出身の解放黒人で、タブマンの甥を知っていると話して安心させた。タブマンは、ビューフォートにいた時に金持ちの白人たちが北軍の侵入の際に金貨や銀貨を隠していたのを地元の黒人たちから聞いていたし、それを隠すのに黒人を使っていたことも知っていた。そのため、この男たちの「うまい話」が単なるでまかせだとも思えなかった。

彼女は地元の白人と相談したが、銀行家たちは現物の金塊を見るまでは投資しないと言った。タブマンの恩給請求を手伝ってくれた銀行家チャールズ・P・ウッドも断った。そこで彼女は、地元の投機家アンソニー・シマーに投資話を持ち込んだ。シマーは、町の銀行家たちの反対を押し切って、このもうけ話にかけてみようと現金二〇〇〇ドルを銀行から引き出した。

シマーは、銀行家チャールズ・オブライエンの同行を求め、約束の場所フレミング・ヒルにタブマンと兄ロバート、スティーヴンソンとともに向かった。しかし、そこには、金塊を持っているはずのハリスという男は来ていなかった。スティーヴンソンは、「ハリスは白人を非常に警戒しており、ここには来なかった」と言った。

議論の末、スティーヴンソンが、タブマンだけを伴ってハリスに会いに行き、その他の人は近所の酒場で待つことになった。

ハリスは、離れた場所で二人に会うと、とても恐れた様子で、二人を先導して、プラー・リッジ近くの森のなかに入って行った。森のなかでハリスは土に埋まった箱を一部みせて、今すぐ現金を渡すように要求した。しかし、タブマンは警戒して金塊をまず見せるよう要求し、その申し出を拒否した。すると彼は、箱の鍵を忘れたと言いだし、スティーヴンソンと一緒に取ってくると言って出かけて行った。まもなく夕闇が迫り、あたりが暗くなってきたのに彼らはなかなか戻ってこなかった。タブマンは怪しいと感じ始め、埋められたその箱を見ると、その箱には、鍵の穴はなかった。

まもなく彼女は、どのようにしてかはわからないが、意識を失い、気がついた時には、現金は奪われていた。彼女は、猿ぐつわをはめられ、縛られ、怪我をし、衣服を破られている姿で仲間たちに発見された。金塊が入っていたという箱には石ころしか入っていなかった。

彼女が取り調べで語ったところによれば、暗くなって森のなかに幽霊があらわれ、牛が走り出し、彼女は気を失ってしまい、その後のことは何もわからないとのことだった。このような具体性のないあやしげな証言によって、その後の彼女の地元での評判は、「文字の読めない愚かな黒人女性」ということになり、同情が広がった。地元の人々は、彼女があれほどの財政的困難に陥っていなければ、こうした話に乗ることはなかっただろうと考え、誰も彼女が私利私欲のためにもうけ話に乗ったのだとは思わなかった。

タブマンは、イースタンショアでの黒人奴隷救出作戦で見せたような「神がかり的な」判断力をあきらかに失っていた。しかし、彼女に対する白人住民の信頼と同情は厚かった。銀行から金を引き出しもうけ話に投資しようとしたアンソニー・シマーは、タブマンに投資資金の返済を求めたが、誰も彼には同情せず、結局、彼は二〇〇〇ドル全額を失うことになった。彼はハイリスク・ハイリターンの金もうけをしてきたギャンブラー的商人で、地元では評判が悪かったのである。ちなみに一八八〇年代には、彼は、小さな町であるとはいえ、オーバンのダウンタウンの不動産の半分以上を所有していた。

この事件が起こってから三〇年以上もたちタブマンが八〇を過ぎてから、彼女は再びある黒人から金をだまし取られる被害にあった。

二〇世紀に入り、『ニューヨーク・ヘラルド』がタブマンの人生を紹介し、彼女のことを「ジャンヌ・ダーク」と表現し、「天才的感性を持ってはいるが、貧しく愚かな」黒人女性として描いた。それが長く国民のタブマン像として定着するようになった。それは白人に気に入られるタブマン像であり、白人からの資金が集まった。

しかし、彼女が無警戒にだれでも人を家のなかに受け入れることも知れ渡り、悪意ある者が彼女から金を奪う事件が起こった。一九〇五年八月には、タブマンは、銃を持った男に入り込まれ金を脅し取られ、二カ月後の一〇月には、タブマンのパトロンのひとりエミリー・ホーランドの知り合いを名乗る男に六〇〇ドルをだまし取られた。タブマンの金銭的不正を疑うものはいなかったが、その管理や使用法については多くの白人支援者たちが心配し続けていた。

オーバン・タブマン・ホームの運営

父親ベンは南北戦争終結から六年後の一八七一年に亡くなり、ウィリアム・スワードは翌七二年に亡くなっていた。一八八〇年には母親のリッツが亡くなり、兄ロバートは一八八七年に亡くなった。さらに一八八八年には夫ネルソン・デイヴィスが死亡。その後も次から次へと親類が亡くなり、タブマンの負担は増えるばかりだった。タブマン・ホームの評判を聞いてほかでは手に負えない犯罪経験者をはじめ、さまざまな障害者も集まってきていた。

しかもこのころには、これまで奴隷制廃止運動や女性参政権活動にともに取り組んできた著名な活動家たちもほとんどが亡くなっていた。主な人物とその死亡年を示すと以下のとおりである。一八七一年トマス・ギャレット、一八七四年ゲリット・スミス、一八七九年ウィリアム・ロイド・ギャリソン、一八八〇年ルクレシア・モット、一八八三年ソジャナ・トルース、一八八四年ウェンデル・フィリップス、一八九五年フレデリック・ダグラス、一九〇二年ウィリアム・スティルなど。

この時期タブマンは、AME（アフリカン・メソディスト・エピスコパル）ザイオン教会に深くかかわっていた。黒人女性たちにとって教会は、精神的避難所だっただけでなく、社会的、政治的な場だった。それは、人種（黒人）、性（女性）、経済、教育の向上のためのネットワークだった。一八九六年春、タブマンは、AMEザイオン教会とともに「救貧院・老人ホーム」を建設するプロジェクトを、タブマン・ホームの一環として開始した。三月にタブマンは近所の二五エーカーの土地を一一五〇ドルで購入した。そこに二軒の家と納屋を建設して、「ジョン・ブラウン・ホーム」と名付け、各方面に資金提供を求めてあらたな取り組みを始めた。この年、リリー・B・チェイス・ワイマンが『ニューイングランド・マガジン』に、そしてローザ・ベレ・ホルトが地元の『チョウトークアン』紙にタブマンの伝記と現在の苦労について書き、寄付を募ってくれた。

一九〇一年サラ・ブラッドフォードが、新たな伝記出版を依頼されてタブマンを訪ねたとき、タブマンが住んでいたタブマン・ホームには下宿人四人、病人・負傷者五人、盲目の老女一人、問題を起こし拘留された経験のある白人女性が居住していた。さらにブラッドフォードは、当時、このホームには物乞いがたくさん来ていたと書いている。

一九〇三年六月一一日、当時八一歳のタブマンは、彼女自身の運営はもはや困難として財産をAMEザイオン教会に贈与し、その管理権を委譲することにした。委譲後のプロジェクトは「老人ホームと少女職業教育学校の並設計画」として新たに始まった。施設の名前はタブマンが主張していた「ジョン・ブラウン・ホーム」案が退けられ、「ハリエット・タブマン・ホーム」と正式に決まったが、タブマンの意思を受けて建物のひとつには「ジョン・ブラウン・ホール」の名称がつけられた。これとほぼ時を同じくして、一九〇四年、ボストンのジュリア・ヘンダーソンがホリーヨーク街に黒人女性のための施設を設立し、「タブマン」の名を冠した。

一九〇八年六月二三日、タブマンがこれまで取り組んできた「老人・ハンディキャップ黒人ホーム」構想が正式に実現することとなり、盛大なオープニング・セレモニーが行われた。この施設は、当時ニューヨーク州では、ニューヨーク市以外で唯一の、黒人を主な対象にした慈善施設だった。開所式では、ニューヨーク州西部の黒人が数多く参列し、式典が執り行われた。その場で依頼されてタブマンは、ウィットにとんだ即興の講演をして聴衆を魅了した。当時彼女は八六歳だった。

しかし、タブマンの主張に反して、ホームへの入所者には、週三ドル、恒久入所一五〇ドルが課せられることになった。そのためタブマンは、支払えない人たちのための寄付金集めを続けた。新しい理事会が組織され、タブマンは唯一の女性理事となった。それまで彼女だけの個人的判断で行われてきたこのホームの運営は、組織にゆだねられることになった。

この「ハリエット・タブマン・ホーム」運動は、一種のセツルメント運動だった。一八八〇年代にイギリスではじまった「セツルメント運動」は、一般に高学歴の中産階級出身者が、直接参加する「弱者救済運動」（社会福祉活動）とされてきたが、タブマンの取り組みには、黒人教会や進歩的な白人資産家、女性団体が広報に協力し、財政的支援を行った。

それはまた、この時代にアメリカで高揚していた革新主義運動の先駆けとして理解されるべきだろう。革新主義運動は、一九世紀後半の弱肉強食を地で行く無政府的自由放任政策の結果、「独占が経済的進歩と競争を窒息させ、経済的な貴族階級が共和国を危うくさせている」との危機意識のもとに、二〇世紀への世紀転換期に始まった。その担い手や、課題意識は多様だが、共通していたことは、伝統的な「国家による規制は小さければ小さいほど良い」という考え方を否定し、「国家は道徳的な仲介者」であれとし、市場の自由競争の荒波から弱者を守る政府による「積極国家政策」を肯定したことである。

2　女性参政権運動とタブマン

女性参政権要求活動を後援

タブマンは二七歳のときに、いよいよ自分の売却が避けられないことを知り、それを機会に逃亡に踏み切ったのだが、彼女がそれまでなかなか売却されずにすんだのは、結婚して以後、年齢を重ねたにもかかわらず子どもを産まなかったために、「高い値」が付かなかったからだと考えられている。また、この社会では、子どもをたくさん産まない女性は黒人社会内部でさえ価値の低い女性とみなされ、それ故に彼女の最初の夫のジョンは、タブマンを見限り、一緒にタブマンと北部に逃げることを拒否して、他の女性と再婚したのではないかと南部女性史家キャサリン・クリントンは推測している。タブマンは、突然睡眠症（ナルコレプシー）もあり、奴隷として高い値段がつかなかった。そのことも彼女には幸いした。

地下鉄道運動の「車掌」として活躍した黒人女性は、タブマンのほかにには今のところ確認されていないし、南北戦争中に北軍とともに行動し、一部分ではあれ、軍事行動の指揮を執った女性は、白人も含めてタブマンの他に記録はない。その意味で、ハリエット・タブマンは、当時の伝統的な性役割規範に正面から挑戦する存在であり、アメリカ社会に重要なインパクトを与えたことは否定できない。

彼女は、一八五〇年代後半以後、地下鉄道運動に取り組んでいる最中にも、多くの奴隷制廃止主義者と接触し、彼らの多くが女性参政権運動にもかかわっていたので、タブマン自身も女性参政権にも強い関心を抱く素地を身に着けた。一八五五年一〇月にタブマンは、フィラデルフィアのフランクリン・ホールで開かれた全国黒人大会に参加した。この集会には、フレデリック・ダグラスをはじめ有力な地下鉄道活動家が北部諸州から約六〇人、「綿花諸州」から約四〇人参加した。タブマンはここで、多くの黒人活動家と交流する機会を得て、さらにその大半が白人だった女性参政権活動家とも接することができた。一八五九年には、タブマンはボストンを訪ね、ボストンの白人女性参政権活動家と交流している。

南北戦争前の一八六〇年の夏中、タブマンは各地を訪問し、講演や話し合いを繰り返した。五月二七日にボストンの各界を集めた大規模なニューイングランド反奴隷制協会集会に招かれて講演し、六月一日には、女性の参政権特別セッションにも参加した。七月四日には、ボストンのメロデオン・ホールでの女性参政権集会で演説している。

衆知のとおり、南北戦争直後のアメリカ政治の民主的改革の柱として、奴隷制の廃止と並んで、公民権法と投票権法が施行された。投票権を拡大する憲法修正第一五条では、「合衆国市民の投票権は、人種、肌の色あるいは過去における労役の状態を理由として、合衆国または州によって拒否または制限されることはない」とされた。すなわちこの憲法は、「黒人であるがゆえに」投票権を剝奪されることはないと規定したのである。しかし、その前提となる憲法修正第一四条では、投票権は二一歳以上の「男子」に賦与されると明記されていた。すなわち、以前は何ら言及されていなかった女性の参政権は、この時点で明確に否定されたのである。

女性参政権運動のなかでは、女性に参政権を認めないこの修正第一五条を支持すべきか否かをめぐって激しい対立が起き、まもなく女性参政権運動は二つのグループに分裂した。この修正を一歩前進として認める集団が全国女性参政権協会、あくまで反対する集団がアメリカ女性参政権協会を、ともに一八六九年に結成した。フレデリック・ダグラスは、前者に属し、タブマンは後者に属することになった。

タブマンが後者の集団に属したのは、それまで個人的に親しかったルクレシア・モット、マーサ・ライト、エリザベス・エリザ・オズボーンなどとの関係の故だったといわれている。タブマンは自分の経験から、黒人男性が自分の代わりに投票してくれるとは考えられなかったからだと語っている。しかし、彼女は、運動の路線上の対立にはできる限り関わらないようにしていた。

タブマンは一八八〇年代から一九〇〇年代までニューヨークやボストンでの参政権集会にしばしば参加した。一八八八年三月オーバンの無党派協会での集会で戦時中の経験を語り、負傷兵を治療して国に貢献した女性になぜ参政権が与えられないのかと主張している。しかし、一八九〇年にあい対立してきた二つの女性参政権団体が統合されてできた全国アメリカ女性参政権協会で、タブマンが重要な役割を果たしたという記録はない。キャリー・チャップマン・キャット会長は、女性参政権運動には、黒人女性はほとんど参加していなかったと主張し、タブマンの名前も知らなかったと語っている。

白人女性参政権論者のなかには、南部で女性参政権への白人男性の抵抗を抑えるために、積極的に白人優越主義を支持する者がおり、キャットもその一人だった。彼らは、「文字も読めない無学の黒人男性に参政権が与えられ、教養ある白人女性が参政権から排除されることは許せない」と主張した。黒人女性参政権活動家は、一九世紀末の新たな世代の白人女性参政権運動家による黒人排除の動きに抗議して、一八九二年にワシントンDCで黒人女性同盟を結成し、さらに一八九六年七月には、他の地域の黒人女性グループと一緒になって全国黒人女性協会（NACW）を創立した。この創立総会でタブマンは参加者のなかの最年長者として紹介され、講演をしている。

たしかにタブマンはいくつかの女性参政権集会に招かれ、参加しているが、女性参政権そのものについてはほとんど話していない。一八九六年一一月一八日のニューヨーク州女性参政権協会の集会に参加し、女性参政権運動の指導者のひとりスーザン・B・アンソニーに紹介され、演説したが、地下鉄道運動での自分の経験について述べただけだった。

『ロチェスター・デモクラット』紙は、「この年老いた女性はかつて奴隷だった。質素な黒いガウンとコートを身にまとい、飾りのない黒い大きなわら帽子をかぶり、ミス・アンソニーに腕を抱えられて聴衆の前に立った彼女は、その容貌の気高さで聴衆を魅了した」と書き、このときの「私は地下鉄道の車掌として八年間活動してきましたが、一度として脱線させたことはありませんし、一人の乗客も失ったことはありません」という後世に残るタブマンの有名な言葉を引用している。

一八九七年ニューイングランド女性参政権協会がタブマン表敬集会を開催し、ウィルバー・シーバートが彼女にインタビューしたときも、彼は、タブマンに女性参政権についてではなく、地下鉄道運動での経験について質問している。

以上のような事実から、タブマンは、中心的女性参政権運動家だったとはいえず、一世代上の黒人解放運動の象徴的存在だったと見るのが良さそうである。

タブマン死去

一八八四年一月タブマンは、呼吸器系の疾患で投薬を開始し、突然睡眠症（ナルコレプシー）も顕著になってきた。地元の新聞『オーバン・デイリー・アドヴァタイザー』は、タブ

図 35　タブマンの葬式（1913 年）

マンが一八八四年一〇月一三日、拘置所にいた甥のモーゼを訪問した後、公道で発作を起こし、「霊的恍惚状態」になって叫び、歌いだして医者の世話になったことを報じている。そして、一八九〇年代末には、頭痛と耳鳴りで眠れず、マサチューセッツ・ジェネラル病院で麻酔なしで頭を手術し、その結果、だいぶ楽になったとタブマンは語っている。

一九一〇年には、タブマンは車いす生活となり、翌年、ハリエット・タブマン・ホーム養老院に収容された。タブマンの死の直前に彼女にインタビューして論文を書いたのは、カリブ海セント・ヴィンセント島出身のコーネル大学の学生ジェイムズ・B・クラークだった。彼によれば、タブマンは、そのとき、食欲は旺盛で、溌剌としており、ユーモラスで歌も歌ってくれたという。

しかし、一九一二年一一月、タブマンは、地元の弁護士を呼び自分の家と七エーカーの土地を三人の女性に相続させると遺言し、一九一三年三月には、死を目前にして家族、友人が集まるなか、ベッドのわきの人々に自分はまもなく死ぬと伝えた。そして、一〇日の晩に息を引き取った。地方紙をはじめ、『ニューヨーク・タイムズ』、『ニューヨーク・トリビューン』紙が、一一日付で「地下鉄道運動と南北戦争」のヒロインとして彼女の死を報じた。九一歳だった。(3)

3　タブマンはどのような人物だったのか

これまでタブマンの生涯について書き進めてきたが、最後に、タブマンは、どのような歴史的環境の下で、何に衝き動かされて生涯を歩み続け、どのような特徴を持った黒人活動家だったのかについてまとめておきたい。

---

(3)　タブマンが生まれたのは、一八二二年の二月か三月であることまでしかはっきりしておらず、三月一〇日以後に生まれたのであるとすると、死亡時の年齢は九〇歳だったということになる。

タブマンは、なぜ「失敗しなかった」のか

まず確認すべきことは、アメリカ南部の黒人奴隷制は、プランテーション制度とともに常にテキサスも含む深南部への移動を繰り返し、他方、上南部では自由労働制への転換をもたらす非プランテーション的農業、あるいはその他の産業が成長し続けていたことである。

この自由労働制への転換が進んでいたメリーランド州イースタンショア地域で奴隷として生まれたタブマンは、所有者以外の白人雇用者にたびたび貸し出された。とくに森と沼地での材木伐採・運搬労働に従事する過程で、奴隷主の監視から相対的に自由になり、多数の自由黒人や白人を含む港湾労働者や船員との接触を通じて、広い世界の事情に触れることができた。そしてなによりも高度な技術と知識をもつ材木職人だった父親とともに労働することによって、技術や知識を高め、肉体を鍛え上げた。このように鍛え上げられた彼女の体力と技術、知力、感性こそが、彼女自身の逃亡と家族や郷里の仲間たちの奴隷州からの救出作戦を成功させた主な要因だった。

そしてイースタンショア地域が、奴隷州と自由州との境界線であるメイソン・ディクソン線の近くにあり、黒人奴隷の逃亡に協力してくれる白人クエーカー教徒が少なからず居住していたことも、タブマンたちの逃亡を容易にした。

客観的に、この地域からの逃亡は、深南部からのそれと比べてはるかに容易だったことはたしかだし、その数も多かった。しかし、北部は、逃亡する黒人奴隷にとって未知の世界であ

り、そこで生きることに大きな不安が伴ったことは疑いない。自由州ペンシルヴァニアに入った時、タブマンは、「私は「天国」にいた。しかし、私を迎え入れてくれる人は誰もいなかった。私は別天地の異邦人だった。誰も話をする人がいなかった……」と話しているが、厳しい性的規範の縛りがあった当時、女性である彼女が、知り合いがほとんどいない未知の世界に逃げ込むことがいかに困難だったかを、タブマンは語っていたのである。

タブマンが「失敗しなかった」理由としては、以上のような客観的状況に恵まれていたこと、彼女に人並み以上の知識と能力が備わっていたことがまず挙げられる。しかし忘れてはいけないことは、彼女が緻密な準備を周到に重ねたうえで作戦を展開したということである。彼女は「主の導き」に従って行動したと語ることも多かったが、巷でささやかれていたように、「超能力」や「魔力」が備わっていたわけでは決してない。

「家族」再結合への願望こそが原動力

タブマンの三人の姉は深南部に売却され、行方知れずになっていたし、彼女を含め兄弟たちは、奴隷主によってつねに売却される危険に直面し続けていた。彼女が逃亡を決意し断行した直接のきっかけは、彼らを売却する競売が裁判所の前でまもなく行われる予定だとの情報だった。彼女の逃亡の決意とその後の家族や黒人仲間の逃亡支援活動を支えた情念は、厳しい奴隷労働や暴力的懲罰からの脱出への願望というよりは、家族の愛に囲まれてきた幼少期の記憶と、家族分断に対する悲しみと怒り、そして家族や黒人コミュニティーの再結合への願望によって掻き立てられたものだった(4)。

すでに述べたように、アメリカのプランテーション奴隷制は、恒常的に移動を繰り返し、一八〇八年以後の奴隷貿易禁止によって海外からの奴隷供給が絶たれた状況の下では、国内の奴隷貿易による労働力の継続的供給なしには、生き延びることができない農業制度だった。当然それに伴って黒人奴隷家族の分断が恒常的に発生した。言い換えれば、奴隷家族を中心とした黒人共同体を守る努力自体が、このような特徴を持つ黒人奴隷制に対する本質的抵抗だった。

最底辺の人々と生活の現場で活動し続けたタブマン

奴隷制廃止運動の代表的黒人指導者フレデリック・ダグラスは、一八六八年にタブマンの伝記が出版された際に以下のような推薦文を寄せている。

親愛なるハリエット。親切なご婦人があなたの波乱万丈の人生について執筆され、それがまもなく出版されることを知りうれしく思っています。〔中略〕あなたが、わが国の奴隷にされた人々のためになさった素晴らしい努力と献身はよく知られています。しかし、私たち二人の間の違いはとても明瞭です。わたしは、ほとんど常に公然とその大義のために活動してきましたし、また、苦しんでもきました。そしてそのつど私は大いに励ましの言葉をもらってきました。それに対して、あなたは、ひそかに私的に活動されてきました。私は昼間活動し、あなたは夜活動されてきました。私は多くの聴衆から拍手をいただき、多方面の方々から認められ、償《つぐな》われてきました。それに対して、あなたがなさってきたことを見てきたのは、あなたが救い出した少数の囚われの男女、恐れ震え、痛む足を引きずって歩いてきた男女だけでした。そして、この人たちの心からの「神のご加護を」との感謝の言葉だけがあなたに対する償いでした。真夜中の空と静かな星だけがあなたの自由への献身と英雄的行為の証人でした。〔後略〕

あなたの友人　フレデリック・ダグラス（ロチェスター、一八六八年八月二九日）

（4）　これとは対照的に、フレデリック・ダグラスは、親や兄弟・姉妹に対してはほとんど無関心だった。彼は自伝で家族との関係について「子どもたちを家につなぎ留めておく〔家族との〕普通のつながりは、私の場合、すべて奪われていた。だから、私には〔ボルティモアへの〕出発に際して厳しい試練などなかった。家には魅力がなく、私にとって家などといえるものはなかった。家をはなれるとき、ここにとどまれば何か喜びがあるかもしれないなどとは思わなかった。私の母は死んでいたし、祖母は遠くに住んでいたからめったに会うこともなかった」と書いている。

フレデリック・ダグラスとハリエット・タブマンは、ほぼ同じ時期に、同じイースタンショアのそれもごく近所で生まれ、お互いに尊重しあってはいたものの、このほかにもさまざまな点で対照的な存在だった。

ダグラスは、子どものころから文字を学び、奴隷調教師の暴力と直接対決してこれを打ちのめし、一八三八年に逃亡した後も勉学に励み、全国的な奴隷制廃止運動のなかで独自の見解を持ち、運動全体に大きな影響を与え、アメリカ黒人の最高の指導者のひとりになった男性だった。彼は、アメリカ黒人を解放するためには、アメリカの政治システムや社会をいかに変える必要があるかを常に大所高所から思考し、行動しつづけた指導者だった。

それに対して、タブマンは、全国的な黒人運動の指導的地位に就いたことはなく、あくまでも最底辺の黒人たちとともに「現場」で活動しつづけた。彼女は、黒人奴隷を自由の地に救出する地下鉄道運動の活動家として伝説的な成果を上げ、その実践の経験を北部の人々に直接語り、北部の反奴隷制世論の喚起に大きな役割を果たした。忘れてはならないことは、彼女の活動は家族や故郷の人々を逃亡させることだけが目的ではなく、彼らのその後の生活や教育に責任を持ち、カナダやニューヨーク州で黒人コミュニティーの維持・構築に努めたことである。

南北戦争期には、彼女は、「女性でありながら」戦場に赴き、カンビー川作戦など奴隷の救出作戦に取り組んだが、それだけでなく、傷病兵の看護、黒人兵士のための洗濯や料理などの身の回りの世話や、逃亡してきた現地の奴隷たちの経済的自立のための教育など、あくまでも生活に密着した「女性でなければできないような」現場で活動をつづけた。

そして南北戦争後は、もと逃亡奴隷たちの北部での自立のための「難民支援活動」に本格的に取り組み、その支援を要請するために各地を歩き回り、当時の全国の女性参政権獲得運動家との関係構築につとめた。それは、一九世紀末以降全国で取り組まれた多様な自律的社会改革運動「革新主義運動」の先駆けとしての「黒人セツルメント」運動でもあった。彼女の活動は、家族の再結合とともに弱者（とくに逃亡してきた黒人）の経済的自立がその目標の中心に位置づけられていた。彼女にとっては、奴隷制廃止や黒人の市民権、女性の参政権は、そのために必要な副次的な課題だった。彼女は、「黒いモーゼ」と呼ばれたが、必ずしもアメリカ黒人全体をいかに解放すべきか思考し、行動し続けてきたとは思えない。彼女にとっては、まず身近な家族や友人がその関心の対象であり、そのために行動することを通じて、全国的な改革運動のネットワークに組み込まれ、重要な役割を果たすことができたと考えるべきだろう。

タブマンが「黒人であり、女性であるがゆえに」可能だったこと

このような「生活に密着した」現場で活動を続けることができたのは、彼女が女性だったことと深くかかわっているように思われる。

タブマンは、「女性であったにもかかわらず」多くの黒人男性の上に立ってその逃亡を指揮したし、軍事作戦の指揮も執ったという点で、当時の伝統的性役割規範に正面から挑戦す

る存在だったのだが、彼女が「黒人であり、女性であるがゆえに」可能だった活動も多かった。

例えば、サウス・キャロライナ州のビューフォートでは、北部からやってきた中産階級の白人ヴォランティア活動家たちが、現地の黒人たちと同じ居住区に住むことは、当時の状況の下では到底想定できず、彼らは白人だけの北部人向けの居住区に住むほかはなかった。そのため、白人ヴォランティアは、現地の黒人たちとの意思疎通を図ることが非常に困難で、彼らに対しては「管理者」あるいは「教育者」として接するほかなかった。白人ヴォランティアのなかには、「容易に文明化されない」現地の黒人たちに絶望して北部に帰った者が少なからずいたことはよく知られている。

タブマンは現地の黒人たちの言語「ガラ」は理解できなかったが、彼女は現地の黒人たちと同じ場所に寝泊まりし、ともに働くことによって彼らとの信頼関係を築くことができた。そして洗濯や調理のために集まってきた黒人女性たちから、その知人を通して南軍が支配している奥地の情報提供を受けることができた。彼女のこのような情報収集活動があったからこそ、北軍は彼女の下にスパイ・斥候部隊を組織し、カンビー川作戦でそれを有効に生かすことができたのだった。同じ黒人でも男性は、洗濯や調理など黒人兵士に対する支援活動を現地の黒人女性とともにすることはほとんどなく、したがって現地の黒人からの情報収集も困難だった。

そして北部から来た白人女性と現地の黒人男性との橋渡しは、黒人女性にしかできないことだった。少なくとも南部では、白人女性と黒人男性の交流はタブーだったからである。白人男性と黒人女性の性的関係を含む接触は、強制であれ、自由意思であれ、多くみられたが、その逆、すなわち白人女性と黒人男性の関係は、いかなる事情であっても認められないのがこの社会の掟だったからである。白人女性は白人男性の「独占物」でなければならなかった。しかし、タブマンは白人女性とここでは親しく交流し、彼らを助け、彼らから支援を受けることができた。

「主の導き」にあくまでも忠実だったタブマン

最後に指摘しておきたいことは、タブマンの行動は、なによりもまず「主の導き」に従って行われたことである。それは、次のようなことを意味している。すなわち、ある組織の上層部（例えば北軍）の決定に従って、組織の一員として「合理的に」行動するのではなく、最終的には常に自らの判断、すなわち「主の導き」に従ってタブマンは、行動を決定したということである。ちなみに、「主の導き」に従って行動した人間には、「上官の命令」を根拠に戦場での行為の責任を回避することはあり得なかった。彼女にとって「主」とは、事実上、彼女自身の良心のことであり、彼女は自分の行動は自分で決め、その責任は自分で取ると考えていたとみるべきであろう。

彼女への軍人恩給請求運動の結果、彼女はスパイ活動を含む軍事作戦従事を除き、北軍の一員として洗濯や看護などの実績を認められ恩給を支給されることになったが、彼女は、自分が北軍という組織の一員であるとの自覚は必ずしもなかった。彼女が終戦直前に軍の上司の指示に従ってサウス・キャロライナ州ビューフォートに帰らず、自分の意思で、ヴァージニア州のモンロー要塞の病院に出向いたことを覚えている読者もおられると思う。そのほかの場面でも彼女は、仲間たちの集団的意思決定に従って行動するという「近代的」行動様式をとることはなかった。彼女の行動を決定したのは、あくまでも「主の導き」だった。たぐいまれな彼女の判断力によって彼女は多くの場合、「失敗しなかった」のだが、とくに晩年には、友人の説得を押し切って金塊と現金を交換するといった「うまい話」に乗せられて騙されたり、誰かれかまわず無警戒に他人を自分の家に迎え入れて強盗の被害にあったりするなどの失敗もあった。

そして、一九〇三年以後、それまでほぼ完全にタブマンの意思だけで運営されていた「ハリエット・タブマン・ホーム」の財産と管理権は、ＡＭＥザイオン教会に移譲された。彼女の主張がすべて受け入れられることはなくなったが、タブマンはその後組織された理事会の唯一の女性理事としての役目を果たし続けた。

エピローグ

一九一四年追悼集会

一九一三年一〇月一三日の葬儀は、ＡＭＥザイオン教会牧師団が取り仕切り、一〇〇〇人以上が参列した。タブマンは、近所のフォート・ヒル墓地に埋葬された。しかし、葬儀はほぼ完全にオーバンのローカルな行事であり、地方紙が報じなければ、その様子はほとんど記録に残らなかったといわれている。そのために、地元の指導者は全国的な記念式典を翌一九一四年六月におこなうことを計画し、当時、黒人運動の最高指導者と認められていたブカー・Ｔ・ワシントンに基調演説を依頼し、彫刻家アレン・Ｇ・ニューマンにブロンズの記念碑を作ってもらった。

葬儀に参加できなかった人々から、彼女への献辞が多数送られてきた。一九一四年六月一一日、オーバン市長は『オーバン・シチズン』紙を通じて、彼女をたたえるために翌日には各家庭で星条旗を掲げるよう呼びかけ、公共建造物に星条旗を掲げた。ブロンズの記念碑はカユガ郡庁舎に設置され、翌一二日タブマン記念碑除幕式では「謎の少女」マーガレット・

図 36　タブマンの記念碑前に集まった女性たち（1914 年）

スチュアートの娘アリス・ルーカス・ブリックラーが除幕を行った。

　そして、ブカー・T・ワシントンが演説し、「タブマンは、順法的黒人の代表であり、黒人を見るとすぐ犯罪者を思い浮かべる白人たちに黒人をきちんと理解してもらううえで大切な人物だった」と述べ、彼女の勤勉と貯蓄、禁酒と反ギャンブル活動を取り上げ、「タブマンこそが自分が提案してきた理想的な黒人のお手本だ」と称賛した。

　奴隷制が合法だった時代に、私有財産である黒人奴隷を数多く盗奪し、逃亡させたり、ニューヨーク州トロイで、群衆を扇動して官憲に拘留されていた逃亡奴隷ナレを、実力で奪還したりしたハリエット・タブマンを「順法主義者」の代表に祭り上げたのは、なんとも奇異なことだが、当時のブカー・T・ワシントンには「順法主義者」タブマンが必要だったのであろう。

その後のタブマン・ホーム

その後しばらくこのハリエット・タブマン・ホームでは一二―一五人の人々が生活していたが、財政難で一九二八年には閉鎖されることになった。そして、ホームは、税の滞納を理由に一九四三年競売にかけられ、一九四四年には、市当局から住居の取り壊し命令を受けた。こうしてタブマンの名は歴史の舞台から静かに姿を消すかに思われた。

しかし、第二次世界大戦の最終段階の一九四四年六月には、「ハリエット・タブマン」の名を冠した合衆国輸送船がメイン州サウス・ポートランドの港を出港し、就航式に大統領夫人エレノア・ローズヴェルトがメッセージを送った。戦争への黒人の積極的な協力を募る目的で黒人女性であるタブマンの名前が使われるようになったのである。アメリカ史におけるタブマンの聖典化の始まりだった。

そして、一九四〇年代後半には、ハリエット・タブマン・ホーム再建運動が始まり、エレノア・ローズヴェルトの賛同を得て、AMEザイオン教会を中心に政府の援助を求める活動が始まった。一九五三年には三万ドルの資金が集まり、ハリエット・タブマンの人生と活動を記念する図書館などの施設が建設された。そしてハリエット・タブマン・ホームは今日まででさまざまな補修を加えられながら、文化・教育施設として一般に公開されている。

忘却からの救出

ところで、タブマン亡き後のタブマンに関する国民の記憶は、どのような変遷をたどった

図37　アール・コンラッド

であろうか。タブマンが亡くなった一九一三年には、タブマンはアメリカ国民の記憶からは消えつつあり、彼女の死亡が全国ニュースに大きく取り上げられることはなかった。

一九三〇年代に入ってタブマンを忘却の彼方から救い出そうと試み、きちんとした事実に基づく伝記を出版したのは、オーバン出身のユダヤ人アール・コンラッドだった。彼は、アメリカが大恐慌の淵にあった一九三二年、南部を訪ね、黒人たちの状況を目の当たりにして衝撃を受けた。彼は、黒人の歴史を学びながら、一九三四年ニューヨークで組合の活動家になった。しかし、健康を害して組合活動をやめ執筆活動に専念し、連邦著作家計画（FWP）から週二一ドルをもらって暮らした。彼は一九三八年、当時ニューヨークに来ていた黒人最初のベストセラー作家リチャード・ライトと出会い、これをきっかけにハリエット・タブマンに関する調査を開始した。

二〇世紀初頭以来、アメリカ奴隷制研究では、歴史学者U・B・フィリップスが支配的影響力を持っていた。フィリップスは、黒人奴隷制は、温情的なものであり、野蛮な黒人を文明化するための教育機関だったとして奴隷制を肯定的に評価していた。そして、出版界はタブマンをほぼ完全に無視していた。

そこで、コンラッドは、一九三九年に革新的文芸誌『ニュー・マッセズ』に訴えを書き、黒人新聞をはじめ各方面に広告を出して、ハリエット・タブマンに関する情報を求めた。また、黒人指導者たちにも直接手紙を書いて協力を求めた。オーバンではタブマンの知り合いを探してインタビューした。アリス・ルーカス・ブリックラーや、タブマンがカナダに連れて行った夫婦の孫で当時メリーランド州に住んでいたハークレス・ボウリーも積極的に協力してくれた。

しかし、彼の原稿を引き受けてくれる出版社はあらわれず、戦争が始まり出版事情はますます困難になっていった。やむなく、彼は、一九四二年アメリカ共産党の出版社インターナショナル・パブリッシャーから四七頁のパンフレットを出版した。それは最初一万部印刷され、一九六〇年代まで再販され続けた(1)。そして一九四三年にコンラッドの学術的著書『ハリエット・タブマン』は、黒人歴史研究協会設立者のカーター・G・ウッドソンの口利きでアソシエイテッド・プレスから単行本として出版された。この本を書くために集められたタブマンに関する史料は、ニューヨーク市立図書館ションバーグ・センターに収められ、その後

(1) 日本では神戸大学の貫名義隆教授が、英語講読の授業用の教科書としてこのパンフレットに解説をつけて英宝社から一九六四年に出版している。日本で最初にタブマンを紹介した業績だった。

の歴史家の多くが参考にしている。しかし、コンラッドの著書は、あきらかにマルクス主義的史的唯物論に依拠しており、まもなく始まった「冷戦赤狩り時代」のアメリカの歴史学界は、それだけの理由で彼の作品に近づくことを恐れる空気が支配しており、この作品は、まともに取り上げられることはなかった。

このような状況の下で、ハリエット・タブマンが亡くなってから一九六〇年代まで、彼女は一般のアメリカ人にはほとんど知られていなかった。しかし、本書の「プロローグ」で述べたとおり、一九七〇年代以後、一気に「国民的」ヒロインとして、顕彰されるようになった。

「国民的」ヒロインの描かれ方をめぐる抗争

だが、タブマンが歴史上どのような役割を果たした人物として描かれるべきかはまだこれからの課題である。彼女が「国民的」ヒロインとして描かれているだけに、それは、「アメリカのナショナリズム」とかかわらざるをえず、厳しい論争を招くことは避けられないからである。

近年、アメリカでは女性や人種・エスニック・マイノリティ集団を、アメリカを構成する重要な一部として扱うさまざまな努力がなされ、アメリカ史研究者のなかでは、彼らの役割を正当に評価すべきだとの認識が高まっている。そして、「人種や性、階級にかかわりなく、その努力によって個人が平等に評価されるのがアメリカだ」というアメリカ的理念としての多文化主義は、とりわけ一九六〇年代の公民権運動以後、アメリカ社会に広く受け入れられ、それは今やアメリカが世界に誇る「ソフトパワー」になっている。

ここで注意しなければいけないことは、「信念を曲げず、勇気を持って粘り強く努力を続ければ、どんな個人でも歴史を変える英雄になれるアメリカ」のモデルとしてハリエット・タブマンが国家に顕彰されようとしていることである。しかし、タブマンは、「アメリカという体制」のもとでただ個人として勇気を持って努力しただけではなかった。彼女は、奴隷を私有財産と認めていたアメリカで、法的には、逃亡という私有財産の「盗奪」行為を継続的に行った「犯罪者」であり、また当時のアメリカ的ジェンダー規範からすれば「女性らしからぬ」女性だった。

今日、連邦議会議事堂にその彫像が飾られているもう一人の「国民的」ヒロインである黒人女性ローザ・パークス(2)は、モントゴメリー・バス・ボイコット運動のきっかけを作り、「公民権運動の母」と呼ばれているが、彼女も、ただ個人としての地位の向上・権利拡充の

(2) 奇しくもローザ・パークスは、ハリエット・タブマンが亡くなった一九一三年に生まれている。アメリカ黒人史の大家ヘンリー・ルイス・ゲイツは、二〇〇五年にパークスが亡くなった時に「ローザ・パークスは、今日のハリエット・タブマンだ」と讃える演説を行った。

図38　ローザ・パークスの像

ためにその勇気をふるったのではなく、人種隔離体制という「アメリカの体制」に挑戦し、逮捕され有罪判決を受けた「犯罪者」だった。ところがパークスはアメリカの理念を代表する芯が強く女性らしいヒロインとして国家に祀り上げられることになった。その際のキーワードは、アメリカの理想への道を進んだ勇気ある「個人」である。

しかし、パークスにせよ、タブマンにせよ、彼女たちが個人で奮闘したことは重要なのだが、もっとも大事なことは、彼女たちがともに弱者を抑圧するアメリカの体制に果敢に抵抗し、仲間たちに支えられながらそれを貫き、偉業を成し遂げたことである。

アメリカという国家に顕彰されたハリエット・タブマン像から、「体制への挑戦者」としての側面、あるいは社会変革の運動に支えられていた側面がすっかりそぎ落とされ、粘り強い個人的努力によって「アメリカ本来の姿」にアメリカを近づけたヒロインとしてのみ描かれるとすれば、それは「ゆがんだタブマン像」ということになろう。

ところが近年アメリカでは、どんな形であれ、国民的ヒロインとして「黒人女性」タブマンを顕彰すること自体に抵抗する感情が盛り上がっている。すでに述べたとおり、ドナルド・トランプ大統領は、保守的な白人男性中心主義的民衆の気分に応えて、二〇ドル紙幣にタブマンの肖像を使うことに反対を表明している。

アメリカ社会では、「多文化主義」はすでに建前としてはだれもが否定できないほどに定着していると思われているが、トランプ大統領は、「アメリカ第一主義」を標榜し、「多文化主義」の内容を極限まで骨抜きにし、世界でのアメリカの「ソフトパワー」を平気でかなぐり捨てようとしているように見える。多くのアメリカ人が口にするのを躊躇する白人優越主義的本音を、トランプが公然と口にすることによって、グローバリゼーションの荒波にもまれ、これまでの特権を奪われていると感じ、不満を募らせている白人中間層は留飲を下げている。

このようなアメリカ社会の風潮がどれほど昂進するのかについては予断を許さないが、今日のような人種差別的白人民衆の一種の興奮状態は、奴隷制時代以来、アメリカの歴史のなかで繰り返されてきた。それは、しばしば暴力を伴っていた。アメリカでは、被差別集団が白人暴徒からリンチを受けたり、襲撃されたりすることは日常茶飯事のことだったし、今日でも白人警官によって黒人の若者たちが無法な暴行を受け、命を落とす事件などが頻発している。

しかし、本書で、ハリエット・タブマンの生涯を取り上げて述べてきたように、無数のアメリカ人は、営々と差別との闘いを続けてきたのであり、長い歴史を通じて一歩一歩、アメリカの白人至上主義・男性中心主義打破のために歩み続け、今日に至っているのである。

とはいえ、歴史を振り返ってみるとアメリカでは、さまざまに形を変えてはいても、繰り返し白人至上主義・男性中心主義が息を吹き返し、この歩みがしばしば後退を強いられたことも事実である。もしハリエット・タブマンが、ドナルド・トランプの言動を聞いたら、彼女はきっと静かに「またやっているね。でも、私たちは、主の導きに従って、ただ進むだけよ」と言うに違いない。

今日のトランプ現象の下で、近年のハリエット・タブマンの国家的顕彰の動きはしばらく影をひそめるかもしれない。しかし、彼女の業績は間違いなく、アメリカ社会を少数派差別から解放する闘いの確実な一部であり、誰も歴史から彼女を抹殺することはできない。

本書が政治的・イデオロギー的な論争によってゆがめられる可能性を孕んでいるハリエット・タブマン像を、少しでも現実のタブマン像に近づける役割を果たすことができれば幸いである。

本書は多くの研究成果に依拠しつつ、彼女を「国民的」ヒロインとして謳いあげることを避け、「人間」ハリエット・タブマンの人生を史実に忠実に描くことを目標にしている。ただし、彼女は単なる「人間」ではない。誤解を恐れずにいえば、彼女は黒人であり女性なのであり、そのままでは、白人男性のように「無色透明の抽象的なアメリカ市民」にはなれなかった。彼女は黒人としての、そして女性としての差別と闘うことなしには、「アメリカ史の担い手」にはなれなかったし、黒人として、女性として生きることによって、「豊かなアメリカの歴史」の輝かしい一部となることができたのである。それゆえに、彼女の人生を描いた本書は、単なる個人の伝記としてではなく、「色鮮やかなアメリカ史の一コマ」となることを目指している。

あとがき

私がハリエット・タブマンの生涯についてまとめてみようと思い立ち、書物をあちこちあたってみて最初に驚いたことは、二一世紀に入るまで歴史家の手によるタブマンに関する研究がほぼ皆無だったことである。

文字や音声、画像をたくさん残した著名人や、なお存命でインタビューすることが可能な人の生涯を臨場感あふれる筆致で描いた「個人史」は数多い。タブマンは普通の一般人ではなく、奴隷制廃止運動のなかでは著名なヒロインだったから、あちこちでインタビューを受け、自らの経験や意見を語っており、それが活字になって残っている。彼女に出会った人がその感想を手紙に書き残してもいる。各地での彼女の講演や行動に関する新聞記事も多いといえるかもしれない。その意味では、普通の黒人女性と比べれば、タブマンの生涯に関する史料は決して少なくはない。しかし、歴史史料の常として、焼失してしまったり、混乱のなかで紛失してしまったものも多い。タブマン自身がその価値を理解していなかったために、重要な書類の多くが破棄されてしまったこともわかっている。しかも非合法活動に従事していた彼女は、あえて発言せず記録を残さなかったことが多い。そのため彼女の生涯を復元する歴史研究の作業には多くの困難が伴った。

それにもかかわらず、「プロローグ」で述べたように、タブマンの伝記執筆に挑戦した歴史家（主に女性）たちは、その想像力を存分に働かせつつ、可能な限り徹底的に史料を探索・渉猟《しょうりょう》し、これまで「神話」のように語られてきた「タブマン像」を正し、より客観的な歴史書としての伝記を二一世紀に入って次々と出版してきた。

しかし、歴史研究としてのこれらの伝記は、それまでの創作された物語としての「偉人伝」のように、彼女の姿をその場で見ているように描写することはできなかった。ちなみに今日アメリカの子どもたちが知っているハリエット・タブマンは、これらの「創作童話」で描かれたタブマン像のままであることが多い。近年のアメリカ史の多くの教科書を含め、なおその「誤った」神話的タブマン像が影を落としている。これらの創作歴史物語は、しばしば、通俗的で単純な善悪観念を前提とした勧善懲悪の物語になっており、それは、善意ではあっても歴史をゆがめてしまうことも多い。

歴史家は、証拠に裏付けられた事実以外を書くことができないから、臨場感あふれる叙述を通して読者を歴史の現場に誘《いざな》うという点で、大きなハンディキャップを負っており、これらの「創作神話」的タブマン像と対抗することは容易ではない。しかし、小説家でもあるビヴァリー・ロウリーが執筆したタブマンの伝記のひとつ『ハリエット・タブマン――その生涯を心に描く』（二〇〇七年）は、歴史家たちが集めた諸史料を最大限に利用しつつ、許される範囲内でタブマンの行動を生き生きと再現した。例えば、時刻表や標識を読めない彼女がともかくも次に来る列車に乗りこみ、工夫をしながら、ある白人牧師の別荘にたどり着きインタビューを受けたこと。丘の上にある別荘からオワスコ湖にボートが行き交うのを眺めチキンを食べながら、インタビューを受けたこと、そのときのタブマンの堂々とした振舞いなど、小説のような描写を展開している。しかし、彼女の作品は、決してフィクションの領域に踏み込んではおらず、歴史研究の成果の枠内にとどまっている。少なくとも彼女の作品は、今日までのタブマンの伝記のなかではもっとも読みやすいすぐれた作品となっている。

いうまでもなく、これらの歴史書としての「タブマン伝」なしには私が、この本を書きあげることは不可能だった。歴史家たちが示した歴史的事実を私なりに脈絡をつけて配置し、なるべく多くの画像を掲載すると同時に、私自身が現地を実際に見て回った経験を書き加えることによって、何とかして読者のみなさんを「歴史の現場」に誘う努力をしたつもりである。しかし、個人の生涯を読者がイメージできるように生き生きと描くことがいかに難しい作業であるかを今さらながら痛感している。

本書を書き上げるまでには多くの方々のお世話になった。

最初に私がタブマンに向きあうきっかけを与えてくれたのは、二〇一二年当時ニューヨーク州イサカのコーネル大学で進化学の研究に携わっていた私の義理の息子ティモシー（ティム）・コナロン君だった。私がアフリカ系アメリカ人の歴史を勉強していることを知っていた彼は、私がイサカを訪ねたおりに、車で一時間ほど北にある町オーバンのハリエット・タブマン・ホームに行ってみるように勧めてくれたのである。私はそれまでタブマンに関しては、彼女のことを数行しか記していない（しかも「誤った情報」を含んだ）歴史書を読んで知っていた程度だったが、このホームに行って、ニューヨーク州選出上院議員であり、リンカン大統領の下で国務長官を務めたウィリアム・スワードが、このホームの土地を寛大な条件で売却し、タブマンのパトロン的役割を果たしたことを知った。このホームでは、逃亡奴隷に秘密のメッセージを伝えるために作られたとされるキルトの模造品についての説明も受けることができた（ただし、のちにわかったことだが、これは必ずしも歴史的事実ではなかったとの歴史家の見解もあるようだ）。そして、「アメリカではほとんどの小学生がタブマンのことを知っている」と教えてくれたのはティム君だった。

その翌年二〇一三年夏、私は当時勤務していた札幌の北海学園大学から、カナダ・オンタリオ州セント・キャサリンズにあるブロック大学に学生語学研修の付き添いとして派遣された。調べてみると、なんとこのセント・キャサリンズは、タブマンが逃亡を助けた同胞たちの最初の避難拠点になったところだったのである。私は、早速、この町にあるタブマンたちが集ったブリティッシュ・メソディスト・エピスコパル教会を訪ね、そこで黒人老婦人たちと出会って話を聞くことができた。著名な黒人史研究者ヘンリー・ルイス・ゲイツが、ドキュメンタリー・フィルムを作成するためにこの教会を訪れたことを記した新聞記事が壁に貼り付けてあった。セント・キャサリンズ市長の話によれば、彼らは、タブマンに直接かかわりのあるニューヨーク州オーバンおよびメリーランド州ケンブリッジと姉妹都市協定を結び、タブマンにかかわるさまざまな企画に取り組んでいるとのことだった。

これをきっかけに、私は、これまでの研究対象を大きく転換し、逃亡奴隷や「地下鉄道運動」について系統的に調べてみようと思い立ったのである。

私は、最初に読んだ地下鉄道関係の著書『カナーンの地を目指して——地下鉄道とアメリカ最初の公民権運動の叙事詩的物語』（二〇〇五年）の序文に著者ファーガス・M・ボードウウィッチが、次のように書いているのを読んで興奮した。

この地下鉄道運動は、決して白人の運動でも黒人の運動でもなく、「アメリカの運動」であり、この国最初の人種統合運動だった。

それは、草の根的イニシアティヴが最大限発揮された非中央集権的なネットワーク運動であり、機能したアメリカ民主主義のモデルとなった。その意味で、この運動は、第二次世界大戦後の公民権運動の先駆けとなるものだった。

この指摘は、これまで私が関心を持ち続けてきた「黒人公民権運動の歴史的背景」への問いにぴたりと焦点が合っていたのである。ちなみに、私の博士論文をもとに出版した著書のタイトルは『公民権運動への道――アメリカ南部農村における黒人のたたかい』（岩波書店、一九九八年）である。

その後、地下鉄道運動やハリエット・タブマンに関する研究書を読み進めていった私は、まもなく、タブマンの生涯に関する研究は実に時機にかなった企画であることを確信するようになった。ちょうどその頃（二〇一六年四月）、本書の冒頭で触れたタブマンの肖像が二〇ドル紙幣に使われることが、米財務長官から発表されたのである。そして大統領候補だったトランプが、これを公然と批判した。

そこで、ハリエット・タブマンの生涯を著書にしたいと考え始め、元東京大学出版会の編集者渡邊勲さんに相談したところ、快く、「適当な出版社を探してみましょう」というご返事をいただき、まもなく新曜社の編集者堀江利香さんをご紹介いただいた。

そして、この業界では常套句になっている「厳しい出版事情」にもかかわらず、よい本を丁寧に作る信念を貫いておられる新曜社が、本書の出版を引き受けてくださることになった。

ハリエット・タブマンをテーマにしてまとめようと思い立ったのが二〇一四年春のことだから、こうして本書が日の目を見るまでには、五年近くもの歳月が経ってしまったことになる。とはいえ、アメリカでの女性参政権獲得百周年である二〇二〇年の前に出版できることを喜びたい。この年を記念してハリエット・タブマンの肖像画を二〇ドル紙幣の表面に印刷するとの方針が発表されたからである。

本書の編集の過程では、編集者の渦岡謙一さんと堀江利香さんには十分な準備時間を与えていただいたばかりでなく、最終段階では、率直な疑問をいくつも提示していただき、とかく独りよがりになりがちな専門家的文章を大いに改めさせていただいた。ここに記して感謝の意を表したい。

最後に、現地調査のほとんどあらゆる場にともに足を運んでくれ、鋭い問いを発し、私を刺激し続けてくれただけでなく、本書執筆の過程で、私の話を丁寧に聞いて、たくさんの貴重なコメントを与えてくれた妻佐代子に深い感謝の言葉を送りたい。

二〇一八年一一月　駿河湾を見下ろす静岡の地にて

上杉　忍

タブマン木彫像（著者作成）

〔本書執筆中に町内の彫刻家の指導を受けて彫ったタブマン像を近所の林を背景に撮影。〕

略年表

一八二二年　ハリエット・タブマン（アラミンタ・ロス）出生。
一八二五年　二番目の姉マリア、ミシシッピ州に売却。
一八二八年ごろ　タブマン、初めて他の白人家庭に雇いだされる。
一九三三年　タブマン、材木伐採労働に従事。獅子座流星群発生。
一八三五年　分銅を頭にぶつけられ負傷し、生涯、睡眠発作（ナルコレプシー）の後遺症が残る。
一八四〇年代初頭　二人の姉が州外に売却される。
一八四四年　ジョン・タブマンと結婚。
一八四九年　タブマン逃亡。
一八五〇年　一八五〇年逃亡奴隷法成立。最初の救出作戦。
一八五一年　夫ジョンの救出失敗。一一人を救出。
　タブマン、カナダ・オンタリオ州セント・キャサリンズに定住。
一八五四年　三人の兄弟をはじめ九人を救出。以後一八五七年まで六回の救出作戦実行。
一八五七年　両親、南部脱出成功、両親とその家族多数がセント・キャサリンズで再会。
一八五九年　タブマン一家ニューヨーク州オーバンに移住。ジョン・ブラウンの武装蜂起、処刑。
一八六〇年　ニューヨーク州トロイで逃亡奴隷ナレの「誘拐」阻止・救出大衆行動の先頭に立つ。
　リンカン、大統領に当選。タブマン、最後の奴隷救出作戦。

一八六一年　南北戦争開戦。タブマン、北軍モンロー要塞へ。
一八六二年　タブマン、サウスキャロライナ州ポート・ロイヤルに到着、活動開始。
一八六三年　奴隷解放宣言。カンビー川作戦で斥候のリーダーとして活躍。黒人奴隷七二五人を解放。マサチューセッツ第五四連隊（黒人部隊）がワグナー要塞に突撃し大きな犠牲を払った。タブマンは彼らを看護。
一八六四年　タブマン、フロリダでの作戦に看護師として随行。黒人兵の約半数が死亡。
一八六五年　奴隷制廃止憲法修正（第一三条）成立。南北戦争終結。リンカン暗殺。
一八六五年頃　「オーバン・タブマン・ホーム」事業のとりくみが始まる。
一八六七年　元夫ジョン・タブマン射殺。
一八六八年　サラ・ブラッドフォードのタブマンの伝記出版。タブマンの軍人恩給請求活動開始。
一八六九年　タブマン、黒人帰還兵ネルソン・デイヴィスと結婚。
一八七三年　タブマン、金塊五〇〇〇ドルを現金二〇〇〇ドルと交換するとの詐欺にあう。
一八八八年　夫ネルソン・デイヴィス死亡。
一八九〇年　軍人恩給法成立、一八九五年から支給。
一八九六年　ニューヨーク州女性参政権集会で自分の地下鉄道活動について演説。AMEザイオン教会とともに「救貧院・老人ホーム」建設プロジェクトを開始。
一八九九年　タブマンに対する遺族・看護年金支払い開始。
一九〇二年　タブマン、「救貧院・老人ホーム」の運営をAMEザイオン教会にゆだねる。
一九〇三年　タブマンは財産を地元のAMEザイオン教会に寄贈、老人ホーム・少女職業教育機関設立準備。

一九〇八年　「老人・ハンディキャップ黒人ホーム（タブマン・ホーム）」が正式に開所。
一九一〇年　タブマンの車いす生活が始まる。
一九一三年　ハリエット・タブマン死去。葬儀に約一〇〇〇人が参列。
一九一四年　ブカー・T・ワシントンを基調演説者に招き、タブマン記念碑除幕式が行われる。
一九二八年　「タブマン・ホーム」閉鎖。
一九四四年　海軍大型輸送船「ハリエット・タブマン号」が就航。
一九五三年　タブマンの活動を記念する施設が建設され、「タブマン・ホーム」の補修と一般公開がすすめられる。
一九七八年　ハリエット・タブマン一三セント切手発行。
一九八六年　テレビ・ドラマ『モーゼと呼ばれた女性』放映。
一九九四年　『アメリカ史教育の全国基準』でタブマンが六回取り上げられ、政治論争に。
二〇一三年　タブマン没後一〇〇年を記念してハリエット・タブマン地下鉄道国立記念碑を設置。
二〇一四年　連邦議会がハリエット・タブマン地下鉄道全国歴史公園をメリーランド州ケンブリッジ近郊に開設することを承認。
二〇一六年　米財務省が二〇ドル紙幣の表《おもて》面にハリエット・タブマンの肖像を印刷する方針を発表。

主要参考文献

1　ハリエット・タブマンの伝記

インタビューを主な材料にした同時代の伝記

Bradford, Sarah H., *Scenes in the Life of Harriet Tubman*, Auburn, N.Y., 1869, reprinted in Middletown, DE, 2016.

Bradford, Sarah H., *Harriet Tubman: The Moses of Her People*, Unabridged Start Publishing LLC, 1886, reprinted by Courier Corporation in 2004.

ニューディール期に出版された伝記

Conrad, Earl, *Harriet Tubman: Negro Soldier and Abolitionist*, International Publishers, 1942.

Conrad, Earl, *Harriet Tubman*, Associated Press, 1943. オーバン出身のユダヤ人で左派労働組合活動家だった著者が、各方面から第一次史料を収集して著した作品。

二一世紀以後の歴史家による伝記

Larson, Kate C., *Bound for the Promised Land: Harriet Tubman, Portrait of an American Hero*, One World Ballantine Books, 2003. もっとも実証的。今日までのもっとも権威ある網羅的タブマン伝。

Humez, Jean, *Harriet Tubman, The Life and the Life Stories*, University of Wisconsin Press, 2003. 同時代の人々によるタブマンに関する語りの整理に特徴。

Clinton, Catherine, *Harriet Tubman: The Road to Freedom*, Little Brown, 2004. 邦訳『自由への道——逃亡奴隷ハリエット・タブマンの生涯』廣瀬典生訳、晃洋書房、二〇一九年刊行予定。とくに女性史の視点からの独自の指摘が有益。

Lowry, Beverly, *Harriet Tubman: Imagining a Life*, Anchor Books, Random House, 2007. 文学者の著者が、歴史史料を十分渉猟したうえで、一部想像力を発揮してイメージを膨らませ、深い考察力をもって臨場感のある描写を試みている。読みやすく、深みがある。

Sernett, Milton C., *Harriet Tubman: Myth, Memory, and History*, Duke University Press, 2007. タブマン死後のタブマン像の変遷を追っているところが特徴。

Horton, Louis, *Harriet Tubman and the Fight for Freedom: A Brief History with Documents*, Bedford/St. Martin's, 2013. ハリエット・タブマン研究の論点を整理し、これから研究を始める学生・大学院生のための道案内的著作。

Grigg, Jeff W., *The Combahee River Raid: Harriet Tubman & Lowcountry Liberation*, The History Press, 2014. 南北戦争中のカンビー作戦でのタブマンについて触れている。

2　奴隷の逃亡・地下鉄道運動・奴隷制廃止運動に関する研究

Still, William, *The Underground Railroad, A Record of Facts, Authentic Narrative, Letters*, Philadelphia, 1878, reprinted by Benediction Classics, Oxford, 2008. フィラデルフィアの地下鉄道運動事務所を管理

していた著者が、ここに到着した逃亡奴隷にインタビューし、その記録をプリントしたもの。

Franklin, John Hope and Leon Schweninger, *Runaway Slaves: Rebels on the Plantation*, Oxford University Press, 1999. 逃亡奴隷の捕獲を訴える「逃亡奴隷広告」などの史料を用いて、当時の奴隷制にとって「逃亡」は必然的に発生するものだったことを実証的に論じている。

Bordewich, Fergus M., *Bound for Canaan: The Epic Story of the Underground Railroad, America's Civil Rights Movement*, HarperCollins Publishers, 2005. 今日までのもっとも包括的な地下鉄道運動史。

Hudson, J. Blaine, *Encyclopedia of the Underground Railroad*, McFarland & Company, 2006. 地下鉄道運動に関する史料を整理したもの。

Foner, Eric., *Gateway to Freedom: The Hidden History of the Underground Railroad*, W. W. Norton & Co., 2015. ニューヨーク市をハブにした地下鉄道運動の歴史。その内部対立と統一のプロセスを描いている。

3　奴隷制研究

Fields, Barbara Jeanne, *Slavery and Freedom on the Middle Ground: Maryland during the Nineteenth Century*, Yale University Press, 1985. 自由労働制への移行期のメリーランド州の黒人奴隷制についての研究。

Berlin, Ira, *Generations of Captivity: A History of African American Slaves*, Harvard University Press, 2003. 邦訳『アメリカの奴隷制と黒人――五世代にわたる捕囚の歴史』落合明子・大類久恵・小原豊志訳、明石書店、二〇〇七年。今日までのもっとも総合的な北アメリカの奴隷制に関する研究。

Williams, Heather Andrea, *Help Me to Find My People: The African American Search for Family Lost in*

Slavery, University of North Carolina Press, 2012. 邦訳『引き裂かれた家族を求めて――アメリカ黒人と奴隷制』樋口映美訳、彩流社、二〇一六年。黒人奴隷家族の解体とそれに対する抵抗という視点から北アメリカの黒人奴隷制を論じた。

4　奴隷、非識字黒人の証言・インタビューなどの史料集

Douglass, Frederick, *Narrative of the Life of Frederick Douglass, an American Slave*, 1845. 邦訳『アメリカの奴隷制を生きる――フレデリック・ダグラス自伝』樋口映美監修、彩流社、二〇一六年。

Northup, Solomon, *Twelve Years a Slave*, 1853. 邦訳『一二イヤーズ　ア　スレーブ』小岩雅美訳、花泉社、二〇一四年。

Blassingame, John W., ed., *Slave Testimony: Two Centuries of Letters, Speeches, Interviews, and Autobiographies*, Louisiana State University Press, 1977.

Rosengarten, Theodore, *All God's Dangers: The Life of Nate Shaw*, Alfred A. Knopf, 1974. 邦訳『アメリカ南部に生きる――ある黒人農民の世界』上杉忍・上杉健志訳、彩流社、二〇〇六年。

5　サウス・キャロライナ州の稲作に関する研究

Foner, Eric, *Nothing but Freedom: Emancipation and Its Legacy*, Louisiana State University Press, 1983.

Dusinberre, William, *Them Dark Days: Slavery in the American Rice Swamps*, Oxford University Press, 1996.

Carney, Judith A., *Black Rice: The African Origins of Rice Cultivation in the Americas*, Harvard

University Press, 2001.

6　捕鯨業・船舶輸送における黒人に関する研究

Bolster, W. Jeffrey, *Black Jacks: African American Seamen in the Age of Sail*, Harvard University Press, 1997

McKissack, Patricia C. & Frederick L. McKissack, *Black Hands, White Sails: The Story of African-American Whalers*, Scholastic Press, 1999.

Rediker, Marcus, *Villains of All Nations: Atlantic Pirates in the Golden Age*, Beacon Press, 2004. 邦訳『海賊たちの黄金時代――アトランティック・ヒストリーの世界』和田光弘・小島崇・森丈夫・笠井俊和訳、ミネルヴァ書房、二〇一四年。

7　関連日本語文献・論文

本田創造『私は黒人奴隷だった――フレデリック・ダグラスの物語』岩波ジュニア新書、一九八七年。

森杲『アメリカ〈主婦〉の仕事史――私領域と市場の相互関係』ミネルヴァ書房、二〇一三年。

上杉忍『アメリカ黒人の歴史――奴隷貿易からオバマ大統領まで』中公新書、二〇一三年。

大森一輝『アフリカ系アメリカ人という困難――奴隷解放後の黒人知識人と「人種」』彩流社、二〇一四年。

宮井勢都子「妻メアリー・ブラウンのハーパーズ・フェリー」『ジョン・ブラウンの屍を越えて――南北戦争とその時代』金星堂、二〇一六年。

人名索引

ナ　行

ハ　行

マ　行

ラ　行

ワ　行

事項索引

さ 行

た 行

な　行

は　行

ま　行

や　行

ら・わ　行

図版出典一覧（著者名のみの文献は「主要参考文献」参照）

図2　タブマンの肖像を使用した20ドル紙幣案（イメージ）
https://www.businessinsider.com/omarosa-trump-harriet-tubman-20-dollar-bill-unhinged-2018-8

図3　編集部作成。

図4　Larson, Kate C., *Bound for the Promised Land: Harriet Tubman, Portrait of an American Hero*, 2003. p.xxii をもとに作成。

表1　Fields, Barbara Jeanne, *Slavery and Freedom on the Middle Ground: Maryland during the Nineteenth Century*, Yale University Press, 1985, p.13 にもとづき作成。

表2　Fields, p.2.

図5　Darlene Clark et al. *African Americans, A Concise History*, Third Edition, 2012, p.32

図6　Foner, Eric., *Give Me Liberty! An American History*, vol.1, W. W. Norton & Company, 2005, p.415.

図7　著者撮影、2017年10月27日。

図8　Larson, p.180+.

図9　Douglass, Frederick, *The Life and Times of Frederick Douglass, written by Himself*, Dover Publications, 1845, reprinted in 2003, front page.

図10　著者撮影、2013年9月7日。

図11　Larson, pp.16-104, 296-299 より作成。

図12　Larson, p. xxii.

図13　著者撮影、2017年10月27日。

図14　著者撮影、2017年10月27日。

図15　Larson, P.79.

図16　Bordewich, Fergus M., *Bound for Canaan: The Epic Story of the Underground Railroad, America's Civil Rights Movement*, Harper Collins Publishers, 2005, p.254+.

図 17　Foner, Eric, *Gateway to Freedom: The Hidden History of the Underground Railroad*, W. W. Norton & Co., 2015, p.78+.

図 18　Clinton, Catherine, *Harriet Tubman: The Road to Freedom*, Little Brown, 2004, p.146.

図 19　Larson, p. xxiv+.

図 20　Painter, Nell Irvin, *Creating Black Americans, African American History and Its Meanings, 1619 to Present*, Oxford University Press, 2006, p.82.

図 21　Sernett, Milton C., *Harriet Tubman: Myth, Memory, and History*, Duke University Press, 2007, p.45.

図 22　*Ibid*.

図 23　著者撮影、2017 年 10 月 27 日。

図 24　Sernett, p.57.

図 25　Humez, Jean, *Harriet Tubman, The Life and the Life Stories*, University of Wisconsin Press, 2003, p.67.

図 27　Lowry, Beverly, *Harriet Tubman: Imagining a Life*, Anchor Books, Random House, 2007, p.233.

図 28　著者作成。

図 29　Humez, p.119.

図 30　Grigg, Jeff W., *The Combahee River Raid: Harriet Tubman & Lowcountry Liberation*, The History Press, 2014, p.56.

図 31　Norton, Mary Beth, et al., *A People and a Nation*, Houghton Mifflin Company, 2nd edition, 1986, p.414.

図 32　Lowry, p.285.

図 33　著者撮影、2017 年 10 月 30 日。

図 34　Larson, p.180+.

図 35　Sernett, p.182.

図 36　Ibid., 194.

図 37　Ibid., 200.

図 38　https://www.aoc.gov/art/other-statues/rosa-parks

著者紹介

上杉 忍（うえすぎ しのぶ）
1945年、中国大連に生まれる。東京都立大学人文学部卒業。一橋大学大学院社会学研究科博士課程単位取得修了。博士（社会学）。静岡大学教授、横浜市立大学教授、北海学園大学教授などを歴任。横浜市立大学名誉教授。専門はアメリカ史。
主な著書に、『パクス・アメリカーナの光と陰』（講談社、1989年）、『アメリカ南部黒人地帯への旅』（新日本出版社、1993年）『公民権運動への道』（岩波書店、1998年）、『二次大戦下の「アメリカ民主主義」』（講談社、2000年）、『アメリカ黒人の歴史』（中央公論新社、2013年）。訳書に、セオドア・ローゼンガーデン『アメリカ南部に生きる』（共訳、彩流社、2006年）、アンジェラ・ディヴィス『監獄ビジネス』（岩波書店、2008年）などがある。

新曜社 ハリエット・タブマン
「モーゼ」と呼ばれた黒人女性

初版第1刷発行 2019年3月15日

著　者 上杉　忍
発行者 塩浦　暲
発行所 株式会社 新曜社
〒101-0051 東京都千代田区神田神保町3-9
電話（03）3264-4973（代）・FAX（03）3239-2958
E-mail：info@shin-yo-sha.co.jp
URL：http://www.shin-yo-sha.co.jp/

印　刷 長野印刷商工（株）
製　本 （株）積信堂

ISBN978-4-7885-1608-3 C1030

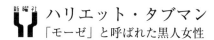

好評関連書

渡辺 靖 編／和泉真澄・倉科一希・庄司 香・舌津智之・柳生智子 著
ワードマップ **現代アメリカ** 日米比較のなかで読む
政治、経済、社会、文学・文化、外交・安保まで、日本と比較・対照しながら、アメリカの「いま」をキーワードで鮮やかに読み解く。
四六判276頁
本体2400円

クラウス・ブリングボイマー／渡辺一男 訳
出口のない夢 アフリカ難民のオデュッセイア
貧困にあえぐアフリカからヨーロッパへと脱出する大量の難民。その行く先にまつ、放浪、追放、投獄、そして死。現代の状況を予告した、過酷な生の物語。
四六判328頁
本体3200円

ロイック・ヴァカン／森 千香子・菊地恵介 訳
貧困という監獄 グローバル化と刑罰国家の到来
貧しきは罰せよ！ 労働市場と福祉国家の解体による新たな貧困と、「大きな監獄」。変貌する現代国家の矛盾を鋭く論難する。
四六判212頁
本体2300円

ロイック・ヴァカン／田中研之輔・倉島 哲・石岡丈昇 訳
ボディ&ソウル ある社会学者のボクシング・エスノグラフィー
さびれた黒人ゲットー地区のボクシングジムから、自らの身体を「道具」として駆使し、「新たな社会学」に挑む。
四六判424頁
本体4300円

チャールズ・レマート／中野恵津子 訳
モハメド・アリ アイロニーの時代のトリックスター
ボクシング界に革命を起こしたカシアス・クレイは、言動でも米国に強烈なパンチを食らわせた。彼の言動の隠された意味を、文化研究的に解明する。
四六判336頁
本体3300円

新 曜 社